職場にいる
メンタル疾患者・発達障害者と上手に付き合う方法

久保 修一 著

日本法令®

まえがき

メンタル疾患者の雇用であなたと職場がダメージを受けないために

あなたが「自分は普通の人（健常者）だ」と思っているとしましょう。それでは、その根拠を具体的に3つ、挙げてみてください。あなたは、どのような例を挙げて、「自分は普通の人だ」と他人に説明しますか？

改めて考えてみると、すぐには思い浮かばなかったり、案外頼りない根拠だったりするのではないでしょうか。

「○○を我慢している」「○○はしない」など、何かを否定しながら説明する人も多いと思います。これは、誰にでも、他人には理解されにくい面の1つや2つ、あるからなのかもしれません。多くの人は、それを周囲に気づかれないように包み隠しながら生活していたり、自分なりのストレス解消法を知っていたりするでしょう。いわゆる、「社会に溶け込む」ような感覚です。その感覚を持てない病気が、メンタル疾患だとイメージしてみてください。

次に、同じ質問を**メンタル疾患者**に投げかけるとどうなるでしょう。たとえば、「あなたが発達障害だという根拠を挙げてください」と言ったとします。すると、「こんな時にこうなる」「こう言われるとこうなってしまう」と、いくつも具体的な例を挙げて説明してくれるはずです。その中には、その人と上手に付き合うためのヒントが詰まっています。

筆者は、日本初の障害者に特化した労働組合（ユニオン）の書記長として、職場に存在する障害者への「漠然とした不安」「いわれのない偏見」を払拭すべく、日々奮闘しています。メンタル疾患者に限っても、これまで２００人以上の職場トラブルの解決に関わってきました。

メンタル疾患者の雇用に難題が多いことは、紛れもない事実です。特に、初めて受け入れる職場では、肉体的にも精神的にも、大変なことが多いでしょう。同僚らに過度な負担を強いているケースも少なくありません。筆者が関わった事例でも、「自分が笑いものにされている」といった被害妄想的な思い込みからの周囲への攻撃や依存、他傷・自傷行為のせいで、「手に負えない」「どうすればよいかわからない」と頭を抱えている職場は数多くあります。

本書では、『メンタル疾患』という言葉を、精神障害者雇用の対象である「障害者手帳（精神保健及び精神障害者福祉に関する法律第45条の保健福祉手帳）」を所持している精神疾患・発達障害の人たちを総称する言葉として使っています。職場では精神疾患・発達障害に共通する特性が問題となるケースが多いからです。また、病状が複雑に複合している人も少なくないので、病名で分類して病状に詳しくなることが、かえって職場の理解を難しくしてしまう側面があると考えているからです。

さらに、多くの担当者が、「トラブルの過程で、当事者であるメンタル疾患者の5倍もの従業員が精神的ダメージを受けて体調を崩したり退職したりしている」と打ち明けます。つまり、筆者が関わった200件のトラブルのうしろでは、1，000人の心優しい同僚たちがダメージを受けていると考えることもできるのです。これは、決して見過ごしてはならない現実です。

職場のメンタル疾患者とどうしても上手に付

き合えないと悩む人。

一緒に働くのだから、どうせならメンタル疾患者とも上手に付き合いたいと思う人。

入社したメンタル疾患者には、職場にうまく溶け込んで長く働いてほしいと願う人。

そんな心優しい同僚たちがダメージを受けることのないよう、本書では、筆者の経験に基づき、職場でメンタル疾患者と一緒に働く普通の人たちから人事労務担当者、さらには専門家までがすぐに役立てることのできる実践的なノウハウを、数多くの事例を交えて解説していきます（事例の内容は、相談者のプライバシーに配慮して改変しています）。メンタル疾患者と上手に付き合う方法を知れば、メンタル疾患者を「難しい相手」と思うこともなくなるはずです。そしてそれが、メンタル疾患者が働きやすい職場作りにもつながります。

メンタル疾患者への「漠然とした不安」の正体

筆者は、メンタル疾患者への「漠然とした不安」「いわれのない偏見」さえ取り除くことができれば、円滑な職場を維持できると考えています。

職場に存在している不安や偏見、そして不満の極致が、メンタル疾患者に対するものと言ってもよいでしょう。事実、あるＷＥＢメディアに筆者が書いたコラム記事に対して書き込まれたコメントの多くは、次のようなものでした。

――精神障害のある人がチームにいるが、正直、仕事はできないのに文句や主張ばかり強くて、こちらがおかしくなりそうです。他のメンバーまで病んじゃう。

――甚大な被害が発生したときに、誰が責任とるの？　本人に責任能力ないんでしょ？

――精神障害はその時によって言うことが違い、しかも障害のせいだと言う。そっけなくするといじめだと訴えられてこっちの評価が下がる。こっちの精神が崩壊しそうです。

――精神障害者のおかげでうつ病になり、体重は激減した。精神障害者のいない職場で働きたい。

――精神障害者と同じ職場で働く地獄は経験してみないとわからない。

こうした言葉は、きっと本音なのでしょう。しかし、このような感情を抱いている人が職場にいることは間違いなくメンタル疾患者に伝わっていますから、こうした不安や偏見、不満は、結局、どちらにも悪い影響を与えてしまうことになります。健常者が働きにくい職場であれば、当然、メンタル疾患者にも働きづらい職場なのです。

メンタル疾患者に対する「漠然とした不安」や「いわれのない偏見」を取り除くには、まず、その正体を突き止めなければいけません。しかし、これがなかなか難しいのです。「ここが不安だ」と公言する人はいませんし、インターネット上に見られるのはヘイトスピーチ紛いの罵詈雑言ばかりです。

「ここが間違っていたのか！」「そんなことでよかったのか！」ということを教えてくれる情報を手に入れることができれば、メンタル疾患者を受け入れた職場の健常者から不安や不満を払拭することができて、メンタル疾患者を孤立させることもなくなるはずです。その情報を、どうか本書から見つけ出してください。

上手に付き合うためのカギは「共感」と「理解」

メンタル疾患の人と上手に付き合うためのカギは、２つしかありません。それは、「共感」と「理解」です。共感がなければ理解できないと言えますし、理解していなければ共感できないと言い換えることもできます。

しかし、言葉では簡単なように聞こえますが、メンタル疾患者に共感し理解することは、実際にはとても難しいことだと心得ておいたほうがよいでしょう。

たとえば、多くの人は、車イスの人に対して専門的な知識や自覚はなくとも「普段の生活も大変なのだろう」と共感し、「段差があると困るだろう」と理解することができます。聴覚障害の人についてなら、「自分が音のない世界にいたら……」と想像することで共感したり、筆談などの文字による情報伝達が必要だと理解したりできるでしょう。

ところが、メンタル疾患の人に対しては、「サボりたいだけではないか」「なんでそんな意味に受け取るのか」と反感を覚え、「あなたの努力不足」「それはあなたが悪い」と責めてしまう人が多いのです。専門的な知識や自覚がある人でも、そうなってしまいます。これは、メンタル疾患の特性や苦しみを自分に置き換えてイメージすることができず、健常者が無意識に信じている価値観や正義感に頼って接してしまうからです。極端な言い方をすると、メンタル疾患者に対しては、健常者が「優越感を持てない」ので感情的になってしまうという側面があるのです。

その結果、メンタル疾患者の考えや主張に職場の誰ひとりとして共感することなく、本人の気持ちや事情が誰にも理解されないまま、同じ職場で過ごしていくことになります。これでは、同僚や仲間とは呼びがたいですし、そもそもうまくいくわけがありません。

実際、「こんなはずじゃなかった……」と漏らす人事労務担当者は少なくありません。「受け入れる準備として読んだ本に書かれていたこととは違っていた」「専門家から聞いていた話とは違う」は、実際の現場でよく起こることです。そして、職場に違和感があると気づいてからも、その解消のために役立つ情報はどこを探しても見当たりませんし、適切な対処についてのマニュアルや「虎の巻」は用意されていません。

健常者には相談窓口がない！

実は、職場で問題を抱えたメンタル疾患者が相談する窓口は、数多く用意されています。ただし、その窓口は、医療・福祉や行政、ユニオンなど外部にある専門機関です。実際、ここ1年で筆者が受けた相談の80%以上がメンタル疾患者からのもので、相談件数も驚くほど増えているなと感じます。

メンタル疾患者の多くは、本人が「問題を抱えた」と感じた時点で、すでに社内で孤立しています。そのため外部機関に頼らざるを得ないのが実情です。思いつめた相談者は、事情を知らない担当者に親身に対応してもらう必要に迫られていますから、「職場で嫌われている」「同僚からひどいことを言われた」と、少々大げさな説明をしがちです。結果として、本当は「とてもささいなこと」「思い違いや勘違い」だったのに、外部に相談したことで「障害者虐待」「深刻な人権侵害」といった大問題になってしまうことがあります。

一方、こうした外部機関から突然「職場に問題がないか」と問合せ（指摘）を受けた職場は、「いったい何のことだ」と混乱してしまいます。職場内で事実確認しても、誰にも思い当たる事実はない――この時、〝加害者〟にされてしまった健常者が相談できる窓口はほとんどありません。相談窓口は、就労支援や定着支援に関するものばかりです。窓口がないのですから、適切な対処法に行き当たることはありません。

それならと、インターネットや書店を探し回っても、なかなか役に立つ情報は見つからないものです。「ない」と言っても過言ではありません。思いもよらずに〝加害者〟と名指しされた人なら、「どうして綺麗ごとばかりが書いてあるのか」と感じてしまうことでしょう。

こうなる理由は、情報発信者にあります。現在、メンタル疾患者に関する情報は広く出回っていますが、その大多数は、精神科医や福祉関係者、そしてメンタル疾患者本人が発信したものです。そのため、メンタル疾患者に寄り添った情報に偏りがちで、面と向かって対応する健常者に向けた実践的な情報が不足しているのです。さらに、「障害者を悪者扱いしている」と批判されかねない内容は表に出づらい傾向があります。

さて、外部機関から突然持ち込まれた「寝耳に水の話」。いったん聞き入れはしても、「そんなふうに思われていたなんて」「言いたいことがあるなら社内の誰かに言えばいいのに」と、職場の雰囲気が悪くなるばかりで、本質の議論になることはありません。結局、「あの人には関わらないほうがよい」「空気の読めない人だから放っておこう」と、腫れ物にさわるように扱ったり、変に特別扱いしたりするくらいしか、対処法がなくなってしまうのです。

職場の自主規制

「放送禁止用語」という言葉は、誰もが聞いたことがあるでしょう。テレビやラジオの放送で使用できない言葉のことですが、実は法律で使用を禁止している用語は存在しません。これは、単なる放送局の自主規制にすぎないのです。差別しないことより、差別用語を使わないことのほうが重要であるかのように、神経質に扱われています。

職場の自主規制の代表例が、『障がい者』という表記かもしれません。しかし、『障がい者』という表記を使っていても、「なぜ『障害者』ではなく『障がい者』という表記にしているのですか?」と聞かれて、明確な理由を説明できる人は少ないでしょう。理解ある会社としてのアピール、『害』という文字を使うことで猛抗議されるかもしれない——いずれにせよ、「使用することが憚られる」くらいの理由で自主規制しているのです。

メンタル疾患者を受け入れた職場では、この「自主規制」が起きてしまいがちです。面倒はごめんだとばかりに、付き合い方や使う言葉に制限を加えてしまうのです。その理由を聞いてみると、「何かあったら大変でしょう」と答える人が多いのですが、その「何か」とは、いったい何なのでしょう。差別や偏見の問題になったり**トラブル**が大きくなったりすることでしょうか。実は、とてもあいまいで正体不明なものに、尻込みしているだけではないでしょうか。

事実、これまで筆者が会社と話し合う場では、「これほどの有名企業が、（メンタル疾患や障害者雇用に関して）そんなことも知らなかったのか？」と感じることが少なくありません。悪い言い方をすると、労使交渉の相手としては「弱過ぎて相手にならない」と感じてしまうくらいです。「何度言ってもわかってくれない」と、まるで保護者と話しているかのようなケースもありました。

法律や知識について専門家レベルの人事労務担当者は数多くいます。障害者雇用の知識も経験も豊富で、起きたトラブルの情報はきちんと把握していて、分析も正確です。しかし、こうした人たちも、メンタル疾患者に対しては、「正解はファンタジーの世界にある」と言わんばかりなのです。企業理念として掲げる、「ダイバーシティ」や「共生社会」といったキーワードがそうさせてしまうのかもしれません。

本書で使う『トラブル』という言葉は、メンタル疾患者が職場で差別（虐待）されたと社内外に被害を訴えていたり、就業規則に反する問題行動を繰り返したりしている状態をいいます。また、職場（同僚たち）から、メンタル疾患者の言動や行動に苦情が出ている状態もトラブルと規定します。

対応に「福祉の心構え」や「医療の心得」は不要

メンタル疾患者へ適切な対応を行い、受け入れた職場を円滑にするために、福祉の心構えや医療の心得は、必要ありません。カギは、とにかく「共感」と「理解」です。

ただ、「どちらかに偏り過ぎない」ことを意識することが重要です。

共感が強過ぎると、福祉の現場に近づいてしまいます。当事者の苦しみや置かれた境遇に共感するあまり、優しく見守り暖かく包むような対応になりがちです。これでは職場が機能しません。

一方、理解だけが進んでしまえば、だんだん医療現場に近づいてしまいます。病名・症状・対処法に詳しくなることが、「休ませたほうがいい」「治療に専念させるべきでは」につながりかねません。これでは、いずれ退職させるしか選択肢がなくなります。また、ひとくちに「メンタル疾患」と言っても、症状は人それぞれです。うつ病と診断された発達障害の人、３つ以上の病名を併せ持つ人、診察した医師ごとに病名が変わってしまう人など、症状のパターンは限りなく存在します。専門的な知識に従って「これが正しい対処法だ」と思っても、その人に限っては「大間違いだった」ということがあるのです。

職場では、「少しの共感」と「小さな理解」がバランスよく共存していれば、「適切だ」と言えるでしょう。「理解できない病気」が存在することを理解し、「共感できない人」がいてもおかしくないなと共感できれば、十分です。ただし、そこにたどりつくには、必要な情報を集めて、正しい手順を踏まなくてはうまくいきません。

本書では、そのためのノウハウを公開します。上手に付き合う方法を知ったあなたなら、メンタル疾患者を「難しい相手」とは思わなくなるはずです。

※筆者は、身をもって経験した実例から、断定的な言回しを使うことがあります。福祉や医療の専門家ではありませんので、根拠が不十分な内容も含んでいます。障害者雇用の問題を理解しやすいように、「障害者」「健常者」と表記している箇所もあります。部分的に、不適切・刺激的な表現と思われる箇所もあるかもしれません。しかし、これらは問題の所在をわかりやすくするために、あえて行っていることです。

※また、本書では、『障がい者（障碍者）』という表記をせず、『障害者』と表記しています。これは、表記を変えることが課題解決にはつながらないという信念からです。差別的な意味で使用するものではない旨をご理解いただければ幸いです。

chapter 1

周囲は、何を、どこまで知るべきなのか?

職場にメンタル疾患者が急増する! 24

chapter 2

世間にあふれる情報は職場で役に立たない

あふれる情報をどのように役立たせるか 66

chapter 3

「コミュニケーションの障害」の真相

コミュニケーションがうまくいかないメンタル疾患

chapter 4

「見た目は変わらない」の落とし穴 154

「理解できないくらいストレスに弱い」と理解する

chapter 5

chapter 6

chapter 7

社内のルールがトラブルを招いている? 266

現行ルールのままで対応できるのかを考える

chapter 8

会社とメンタル疾患者との約束事を決めましょう
新たなルール作りに取り組む 300

chapter 1

職場にメンタル疾患者が急増する！

周囲は、何を、どこまで知るべきなのか？

そもそも、あなたが「メンタル疾患者と上手に付き合う方法」を知る必要はあるのでしょうか。パラパラと本書をめくって細かい数字や専門用語が並んでいるのを目にした途端、いやになってしまって「自分には関係ない」と思いたくなる人も少なくないでしょう。特に、本書の後半部分は筆者も読み返したくないくらいです。

では、あなたは、メンタル疾患者の中に「誰かの何気ない一言に傷つき、24時間そのことばかり思い返し、憎しみや復讐心へと変わってしまう特徴」を持つ人がいることを知っていますか？　もちろん、そのような人はごく稀です。しかし、それに気づけなかったあなたは、会社に行きたくなくなるほどの暗澹とした日々を過ごすことになるでしょう。

今後、一般企業で働くメンタル疾患者は急増します。その背景や理由を知り、受け入れた職場で何が起きるのかを想像する。そして「小さなすれ違いを放っておくと、どれほど大きなトラブルになってしまうのか」を知れば、自分を守るために「メンタル疾患者と上手に付き合う方法を知っておく必要があるのかもしれない」と思えるはずです。あなたが上手に付き合えるようになれば、もちろん相手のメンタル疾患者も、安心してあなたと付き合えるようになるのです。

1

急増する「働くメンタル疾患者」

「メンタル疾患の人と一緒に働く」と聞いて、好意的に受け止める人は少数派です。本音を言えば「うまくいくの？」「なんとなく不安だ」と、否定的にとらえる人が圧倒的に多いでしょう。

しかし、今後、一般企業で働くメンタル疾患者は急増します。あなたが、同僚や上司としてメンタル疾患者に接する機会も、当然増えることになります。誰もが、「関わらないでおこう」「見て見ぬふり」では済まされなくなるのが現実です。

職場にメンタル疾患者が急増する理由は、2018年4月1日に障害者雇用率が2.2％（現在2.0％、2021年までに2.3％）へと引き上げられるからです。これは、法改正によって雇用率の算定基礎に精神障害者が加わる（精神障害者が雇用義務対象とされる）からですが、文字どおり、精神障害者の雇用が義務になると考えたほうがよいでしょう。

まずは、現状から見てみます。

厚生労働省「平成29年 障害者雇用状況の集計結果」によれば、現在、働いている障害者はおよそ49・5万人です。この人数は14年連続で過去最高を更新していますが、特に精神障害者（50，047人：対前年比19・1％増）の伸び率だけが大きく目立ちます。

ハローワークを通じた障害者の就職件数はこの10年で倍増しているのですが、そのうち精神障害者の割合は、2003年度に15・3％だったものが2016年度には44・4％と、大幅に増えています。厚生労働省「平成28年度 障害者の職業紹介状況等」によると、新規求職者数も、187，198件中、80，579件が精神障害者でした。つまり、仕事を探している障害者の約半数がメンタル疾患者だということです。

また、仕事をしていなかった障害者が就労を目指す時に利用する制度として、「就労移行支援」があります。これは「障害者総合支援法（障害者の日常生活及び社会生活を総合的に支援するための法律）」で定められた障害福祉サービスの1つですが、この利用状況についても、身体・知的障害者の割合が減少傾向なのに対し精神障害者だけは増加しており、2016年12月では54・2％で、利用者全体の半数を超えています。就労意欲が高い人についてもメンタル疾患者が多いことがわかります。

雇用率が2・0％から2・2％に上がるということは、社員1，000人の会社で雇用しなければならない障害者が、これまでの20人から22人へ増えるということです。これを民間企業全体で計算すると、新たに約8万人分の雇用義務が生じることになります。法律で雇用義務が課されている会社では改めて障害者を求人しなければなりませんが、「この求人に応募してくる人はメンタル疾患者ばかり」と想定しておいたほうがよいでしょう。なぜなら、「就労したいのに仕事に就けていない」「仕事を探している」障害者の多くがメンタル疾患者であることは、あらゆるデータから明らかだからです。

雇用率の達成は法律で定められた義務です。義務を果たすべく「障害者雇用率アップ」に即応するには、メンタル疾患の人を雇うしかないのが実情です。結果として、2018年4月以降は一般企業で働くメンタル疾患者が飛躍的に増えることになります。

2

2023年の雇用率は2.6%以上に

しかも、世の中の状況を見ていると、障害者雇用率は、今後ますます引き上げられることが既定路線だと言えます。

厚生労働省に設置されている「労働政策審議会（労政審）」は、労働に関連する法案を事実上決定する、大きな影響力を持った審議会です。この労政審の下に置かれている「障害者雇用分科会」は、障害者雇用に関する政策の実質的な最高意思決定機関と言えます。２０１８年４月からの雇用率の引上げ幅や、後述するメンタル疾患者への特例措置についても、この分科会で決定しました。

この分科会において、「平成35年４月１日には統計に基づいた雇用率がそのまま政令で確定されることになると受けとめてよいのでしょうか」との質問に、厚生労働省の障害者雇用対策課長は次のように答えています（２０１７年5月30日・第73回労政審障害者雇用分科会）。

平成25年の法改正は、5年間の、34年度までの激変緩和措置ということで、現在の法律上ははっきりと規定がなされております。ですので、平成35年度以降につきましては、激変緩和措置の規定は適用されないということになりますので、現在の規定でいきますと計算式に基づいた数値をもとにして設定されるということになろうかと思います。

障害者雇用率の算出式は、大まかに、「(働ける障害者数)÷(労働力人口)」です。ただし、「激変緩和措置」として、2018年4月1日から2023年3月31日までの5年間は、「精神障害者の追加に係る法定雇用率の引上げ分は、計算式どおりに引き上げないことも可能」とされています。除外率やダブルカウント制といった規定があるので単純に計算することはできませんが、雇用率は、2023年には計算上、2・6%以上になると見込まれています。厚生労働省の担当者は、この数値に基づき「2023年の雇用率は2・6%以上」になると答えた、ということです。

さらに、特例として緩和措置が用意されるほどの「激変」は今後も続くでしょう。雇用率算出式の分母に当たる労働力人口が減少傾向にある一方、分子に当たる障害者数は増加傾向だからです。

独立行政法人労働政策研究・研修機構「2015年度 労働力需給の推計」によると、労働力人口は、2030年には、2014年の6,587万人から5,800万人にまで減少する可能性があります。一方、内閣府「平成29年版 障害者白書」によれば、2012年に744・3万人だった障害者数は、2017年では858・7万人に増えています。障害者雇用率の算出式から考えると、今後ますます雇用率が上がることは確実です。

また、同白書によると、精神障害者の数が、初めて身体・知的障害者の数を上回りました。全体の数を見ても、精神障害者数だけが目立って増加していますので、雇用率が引き上げられていく中、障害者雇用における主役はメンタル疾患者になっていくと知っておくべきです。

そして、第74回労政審障害者雇用分科会（２０１７年12月22日）では、２０１８年4月1日からの雇用率に5年間の特例を設けることが決められました。

障害者雇用率に換算される人数は、原則として、週30時間以上働く障害者を「１人」、週20時間以上30時間未満働く障害者を「０・５人」としてカウントします。この原則を5年間だけ変更して、メンタル疾患者に限り、週20時間以上30時間未満働く場合でも「１人」とカウントすることになりました。

多くの会社が、この特例措置を利用して、週20時間の就労契約でメンタル疾患者を雇用することになるでしょう。なぜなら、週30時間以上働く人が雇用率換算で「２人」とカウントされることはありませんし、労働時間が短いほうが人件費を抑えることもできるからです。雇用率２・２％（２０２１年までに２・３％）への対応で雇用するのは「週20時間だけ働くメンタル疾患者ばかり」になってしまう可能性は、決して低くありません。

しかし、この措置は5年間に限ったものですから、２０２３年には、それまで「１人」とカウントされてきたメンタル疾患者が「０・５人」として換算されてしまいます。つまり、同じ人数を雇うか、週30時間以上働いてもらうようにしなければ雇用率を満たさなくなってしまうということです。ただ、メンタル疾患者にとって、労働時間の急激な増加は対応が難しい深刻な事態です。無理をさせれば、退職につながりかねません。現実的には、労働時間の延長は厳しいと想定しておくべきでしょう。

短時間就労のメンタル疾患者雇用で急場をしのいだ会社であれば、2023年に予想される障害者雇用率2・6％以上への対応と同時に、換算率の半減にも対応しなければなりません。雇用率3・0％を想定したシミュレーションをしていなければ、「全従業員数を減らす以外に効果的な対処法がない」という悪い冗談のような話が現実味を帯びてしまうかもしれません。

3 「これまでの常識」は通用しない

これから数年で飛躍的に増え、障害者雇用の主流を担うこととなるメンタル疾患者ですが、彼らに対しては、これまで障害者を受け入れてきた職場が育んだノウハウ、いわば「障害者雇用の常識」が通用しません。

その最大の理由は、「コミュニケーションの障害」のように、あいまいに説明される障害特性にあります。受け入れた職場が、無自覚なまま「大変だろう」と共感し、「優しくなれる」感覚が、相手に通じないのです。

実際の例を見てみましょう。

大手企業の中には、障害者雇用率達成のために特例子会社を設立している会社があります。特例子会社とは、企業グループ全体として障害者雇用率を計算できる子会社のことで、464社あります（2017年6月1日現在）。障害者雇用に特別の配慮をしていなければ特例要件を満たせず、親会社の雇用率に算入されないことから、いわば「障害者雇用のプロフェッショナル集団」と呼ぶことができます。実際、身体・

知的障害者雇用についての歴史もあり、独自のノウハウを持っている特例子会社は数多く存在しています。

この特例子会社で、メンタル疾患者を1人雇ったら5人の障害者が退職してしまったというケースがありました。今後見込まれる雇用率の上昇に対応すべく、初めてメンタル疾患者を受け入れたところ雇用率が下がってしまった……笑うに笑えない話です。

担当者の話によると、退職者の多くは身体障害者でした。メンタル疾患者とコミュニケーションをうまくとることができず、ささいなトラブルから職場全体がギスギスしてしまったようです。どう対処すればよいかわからないまま、いつまでもトラブルが解決せず、疲れ果ててしまった人から会社を去っていったのだと肩を落としていました。

これは、「障害者雇用のプロフェッショナル集団」でさえメンタル疾患者への対応が上手にできなかったということにほかなりません。こうなった原因は、メンタル疾患者を身体・知的障害者と「同じように扱ったから」でしょう。

身体・知的障害者からの「こうしてほしい」であれば、「なるほど」と理解し、配慮として提供することが可能です。ところが、メンタル疾患者からの「こうしてほしい」は、「業務指示で忘れないでほしいこと」「ミスが多いことへの理解」など、どこをどう理解すればよいかわからない、そもそも理解できない内容になりかねないのです。それでは**配慮**の方法も見つかりません。


採用したメンタル疾患者に、職場や同僚が「どう配慮すればいいのか?」を聞いたとしましょう。この時に、聞き方や受け取り方を間違えると、メンタル疾患者からの「こうしてほしい」が、「わがまま」「それは会社が配慮することではない」「あなた自身が乗り越える課題」へと変化していきます。

結果、聞いただけで終わってしまい、出された要望は「無理難題」「聞いていたら仕事にならない」ものとして扱われます。メンタル疾患者にしてみれば、「聞かれたから答えたのに、まともに相手にされなかった」と感じてしまうでしょう。

こうしてコミュニケーション不足が始まり、いずれ機能しなくなります。ささいなきっかけで職場全体の雰囲気が悪くなり、業務が円滑に進まなくなってしまいます。

本書に出てくる『配慮』という言葉は、日常的に使われるものとは違う専門用語です。「配慮が足りない」などの、心くばりや他人を気づかうという意味ではなく、職場の障害者に提供しなければならない「法律で定められた義務としての配慮」です。「車イスの人への配慮としてスロープを設置する」のように、必要な対処といった意味で使われます。

こうならないためには、どうすればよいのでしょうか。

まずは、「障害者」と一括りにしないことから始めましょう。メンタル疾患者に対しては、これまで受け入れてきた身体・知的障害者とは別枠で考えるくらいの意識が求められます。実際には、「よくわからない人」くらいの感覚で十分です。

「よくわからない人」からの要望であれば、聞くだけで済ませることなく、「その要望には対応できない」と、次の一言が出てくるはずです。すると「ほかの方法で対応できないか」が論点になり、代替案やアイデアを考えることになります。この時、メンタル疾患者からの要望が、より対応しやすい内容へと変化していきます。「できない」の一言が、具体的な対処法を見つける一歩になり、後々のトラブルの芽を摘むことになるのです。

もう1つ、これまでの常識で通用しないのが、「障害者のことは障害者に任せる」というやり方です。障害者のことは障害者がよく知っている、障害者同士ならうまくいくだろうと考える会社が多いのですが、これは誤りだと認識するべきです。「これまでそうしてきたから」障害者が多い職場へ配属するのではなく、「適性を見極め、会社の人員配置として配属した」職場に〝(たまたま)障害者が多く働いていた〟のでなくてはなりません。

障害者だからといって、自身の障害以外の障害についても知識があるとは限りません。むしろ、健常者よりも無関心なくらいです。どのような障害であれ日常生活や社会生活に困難がありますので、ほかの障害者を思う余裕がないのは当然です。たとえば、視覚障害の人は、点字ブロックに苦労する車イスの人がいることに気づけません。車イスの人は、「どいて」と言っても聞こえない聴覚障害の人がいることを忘れてしまいがちです。メンタル疾患者の中には、点字ブロックの上に物を置くと困る人がいることを理解できない人もいます。このように、障害者は、ほかの障害者のことを知らないのです。

さらに、障害者と障害者の間でトラブルが起これば、ほとんどのケースで泥沼化してしまいます。実際、知的障害者との間で暴力事件になったメンタル疾患者の事例では、仲裁に入った担当者が「どちらの障害のほうが苦労が多いのか判定せよ」と迫られ、非常に苦慮したと話してくれました。メンタル疾患者を「障害者」と一括りにして接してしまえば、いずれこのような場面に遭遇することもあり得るのです。

4

現場の混乱、ズレていく当事者の思い

法改正によって職場にメンタル疾患者が急増するが、これまでの常識は通用しない。すると、実際の職場ではどのようなことが起きるのでしょうか。

「障害者だけでなく健常者も辞めていきますよ」。

そう話してくれたのは、Aさん（ADHD・うつ病、20代男性）です。障害者枠で大手食品メーカーに入社し、工場で働いていたAさんは、自分の思いと現場の混乱を伝えてくれました。

――もう無理です。本当にムカつきます。自分も、職場の人達も全部めちゃくちゃにしたいです。感情が内側に向かえば「もう死のう、海で死のう」「やっぱ、首吊ろう」で、外側に向かえば「みんな死なないかな？　みんな死んだら、誰もいない世界で好きなように生きられる」「車で会社に突っ込もう」になるのが問題です。感情のコントロールができなくなっています。

Aさんの感情がここまで高ぶったきっかけは、残業を命じられたことでした。入社時の「残業なし」の約束が破られたと、Aさんは主張していました。その約束を知らなかった上司が、忙しい時期に残業を頼んだのです。のちに会社は、「Aさんの仕事ぶりがまじめだったので、お願いした」と話してくれました。つまり、Aさんは信頼を得ていたのです。

ところが、トラブルの布石が、日常的なやりとりの中にありました。工場では、臨機応変に作業をこなさなければならず、あいまいな指示も飛び交います。それが苦手なAさんは、周囲との小さないざこざが絶えなかったのです。

——普通の人に見えるから、仕事ができない人って言われます。いつになったらできるんだよとか、できるくせにサボってるって。障害者ですって言ったら「どこが障害だ」って言われます。「できるはずなんだから、やりなさい」、「ただのわがまま」って言われたり無視されたりする。

そんな日々に悩んでいたAさんは、残業を命じられたことで爆発したのです。現場の混乱もメールに書かれていました。

――「雇っても、次から次へと辞めていく！」と朝礼で部長がわめいていた。1日で辞めたバイトがいたら、全部俺の妄想のせいにしようとしていた。いままでの会社でも、他人のミスを被せられるとか色々あったけど、ストレスのはけ口がどんどんエスカレートしていった感じだった。「ちょっと困った人がいるから、気をつけて」とか言ってくれれば大丈夫なのに。

――課長の指示があいまいだったので問い詰めたら「答えられない」と言われました。思わず「答えられない？　それで何ヶ月も指示を出してたんですか？　俺は部長に確認しましたよ。確認もしないで人に何度も言ってたならただの嫌がらせじゃないか！」とイスを投げつけて怒鳴ってやりました。

この課長は結局、退職していったそうです。ところが、Aさんは悪いことをしたとは思っていません。Aさんにしてみれば、悪いのは「あいまいな指示を理解できない障害特性」を理解していない職場のほうだからです。

――「作業を勝手に離れるのはやめろ、突然上の上司の所に行くのもやめろ！」と部長に怒鳴られたので、「まともに話を聞いてくれたことないじゃないか！　あんたは、俺の上司じゃない！　上司らしいことなんて、してもらっていない！」と喚き返しました。「あなたの受け取り方の問題！　誰も仲間はずれとか嫌がらせとかしてない！　作業に戻れ！」と言われたけど受け取り方の問題と言われたのが我慢出来なくて、「いつも同じ事を言うな！　どうしたらいいんだ！」って怒鳴りました。

数日後、話合いの場が持たれました。Aさんが「入社時に、障害特性を全社員に伝えてくださいとお願いしたはずです」と言うと、部長は「忘れていた」と答えたそうです。

その時のやりとりを、Aさんはこう伝えてきました。

――部長に、「それじゃあ、上手く行くわけがない！　どんどん状況が悪くなってきて、それを伝えているのに、障害特性すら伝えていない？」と抗議したら、部長に「上手く行くわけがないとか、それはあなたの感じ方です。私は特別扱いする必要はないと判断した。うちには知的障害者も2人いる。それで今まで上手く行っていた。あなたがレアケースなんです」と言われました。

知的障害者と比べられたことに不満を抱き、こんな会社にはいられないと、結局退職を決めたAさんでしたが、その後も苦しんでいたようです。

――本当に悔しいです。悔しくて、悲しいです。あいつら、刑務所にブチ込めたらいいのに。この数カ月を思えば、ちょっとやり返したくらいじゃ足りない。何やっても仕事が続かない。履歴書に書ききれないくらい転職して、ボロボロになってやっと自分がやりそうなミスがわかって、対応できるようになった頃には「どこが障害だ！」になる。普通の人ならとっくに気づけることに気づけず、気づいた頃はもう「集団からの排除」になるくらいズレてるんです。でも、どうしようもない。そのうえ、それを言っても理解してもらえない。そら、発達障害者は自殺するわ。そら引きこもりになるわ、って感じです。常識がわからない、でも普通の人は常識をわかりやすく教えてくれない。常識に違いがあることを理解してくれない。

忙しい時に残業を頼んだことで、ここまでこじれてしまうとは、誰も予想することはできなかったでしょう。

もちろん、会社側にも言い分はあると思います。臨機応変な対応ができないAさんを受け入れた職場のイライラは限界だったのかもしれません。周りからは、上司に暴言を吐くわモノを投げるわ、とんでもない人にしか見えなかったはずです。

この会社で長く働きたいとまじめに仕事をしていたAさん、その仕事ぶりを高く評価した上司、両者の思いがズレたのはいつからだったのでしょう。どこかで思いがズレたのなら、そのズレを、本音で対立しながら修正することもできたはずです。ところが、その本音の対立はなかなか表面化しないので、軌道修正が難しいのです。ズレが修正されないまま、職場が混乱し、残された結果は課長やAさんの退職でした。

5

「善意の人の浅はかな理解は苛立たしい」

「善意の人からの浅はかな理解は、悪意の人の絶対的な誤解より苛立たしい」。

これは、人種差別反対運動で有名なキング牧師が残した言葉です。この言葉は、実際に職場トラブルに悩むメンタル疾患者から吐露される本音であり、彼らが抱えている感情の1つです。つまり、「心優しい人の中途半端な理解から発せられる言動は苛立たしい」ということです。

もちろん、対応する健常者にも本音があるでしょう。お互いの本音の対立は、大まかに集約すると次のようになります。

対応する健常者「配慮はするけれど、100％は難しい。そこは理解してほしい」

メンタル疾患者（理解するのは会社のほうでしょう）

（100％は難しい、を理解できない障害です）

対応する健常者「イライラする人も職場にいますが、あなたの受け取り方の問題だと思います」

メンタル疾患者（被害妄想呼ばわりするのか）
対応する健常者「障害もつらいでしょうけど、そればかり強調すると孤立してしまいますよ」
メンタル疾患者（もうとっくに孤立してるよ）
対応する健常者「欠勤が続けば退職してもらうと、入社時に確認しましたよね？」
メンタル疾患者（配慮がないせいで体調を崩したのだから、悪いのは会社じゃないか）

この時、健常者が本音をぶつけているのに対し、メンタル疾患者は、言葉にして本音をぶつけることはありません。健常者の言葉に「わかりました」と答えることが多く、反抗的な本音は「心の声」になってしまいます。このようにメンタル疾患者が小さな声すら上げられないのは、「浅はかな理解が苛立たしい」と感じたり、本音を口にしたりすれば、職場に居づらくなると考えるからです。

もちろん、メンタル疾患者の本音は、会社への不満ばかりではありません。「普通の会社で、健常者が私を担当するのはしんどいでしょうね」「素直に育っている発達障害者は少ないんじゃないかなと思います」「何の知識もない普通の人が精神障害者と一緒に働くのは無理がありますね」といった、職場や同僚の苦労に理解を示す言葉も、筆者は数多く聞いてきました。つまり、メンタル疾患者自身、自分を受け入れた職場や同僚たちは大変だろうと思っているのです。

一方、担当者の本音である「それは無理ですよ！」「入社時に確認しましたよね？」が集約されているのが、経団連の「障害者雇用率の見直しに向けて～分け隔てない共生社会の実現～」という提言書（２０１６年12月13日公表）です。

この提言書で、経団連は公に、メンタル疾患者は「難しく」「課題が多い」と言ったのです。

精神障害者の場合、多様な障害特性に加え、疲労やストレスに弱いので症状が安定しない傾向があり、「就労の困難度（職業能力）」を見極めることが難しく、職場定着の課題が多い。

続けて、次のような提言を行っています。

○症状が安定しない精神障害者は、短時間勤務でもシングルカウントにする。
○精神障害者の職業能力（就労の困難度）や適性を把握・判定する制度の創設。

雇用率のカウント方法の変更や、就労の困難度（仕事のできなさ）を判定する新たな制度創設にまで踏み込んでいますから、読み方を変えると、「雇うけれど、辞めさせやすい方法も考えてくれ」になります。経団連に加盟する多くの企業から寄せられた、「どうにもうまくいかない」という本音や諦めが漏れ出したように感じます。

ここで冷静に見てみると、メンタル疾患者は「会社は大変だろう」と言い、会社も「メンタル疾患者は大変だ」と言って、妙な一致をしています。本当なら、この一致を逃す手はないのですが、そううまくはいきません。なぜなら、お互いの本音がぶつかり合っていても、それが表面化することはないからです。

本音のぶつかり合いが表面化してさえいれば、一時職場の雰囲気が悪くなったとしても、いずれ両者がうまくいく妥協案が出されたり、ノウハウとして蓄積されたりすることもあるでしょう。職場に、「メンタル疾患者の本音はこうかもしれない」と想像できる人がいれば、修復不能になるまで放っておかれることはありません。しかし、そうした人がいなければ、一度ズレた思いやぶつかった本音がわかり合うこともないまま、「どうせ言ってもわからないだろう」とお互いが諦めてしまい、腫れ物にさわるような対応が最善策として選ばれます。

実は、「腫れ物にさわるような対応」には副作用があります。「腫れ物」として扱われた側には、怒りや屈辱という感情が芽生えます。「腫れ物」として扱った側には、罪悪感や自己嫌悪、徒労感や無力感を感じさせてしまいます。どちらにも精神的ストレスがかかってしまい、いずれ副作用として悪い影響を及ぼすことになるのです。

6

メンタル疾患狂想曲

「○○狂想曲」とは、人々が大騒ぎする様子や本質を見失った議論になっていることを皮肉って使う言葉です。メンタル疾患者を受け入れた職場では、大騒ぎする様子がまるで狂想曲のように滑稽な様子になることもあります。誰よりも障害を理解していた人が、「障害を治せ！」と叱責してしまう。仲間として迎え入れようと必死になるあまり、まるで幼稚園のような職場になってしまった。そんなふうに混乱していく職場は、決してめずらしくありません。

飲食店などを運営するある会社が、広汎性発達障害のBさん（30代女性）を採用しました。この会社の社長は、障害者雇用に取り組む素晴らしい企業経営者として、講演を行ったこともある人物でした。Bさんを採用するにあたっては、タイトルに「発達障害」とついた本のすべてを読破したそうです。

理解のある職場だと喜んでいたBさんでしたが、次第に「期待に応えなければ」と、プレッシャーを感じるようになってしまいます。体調を崩し、医師の診断で処方薬も増えました。職場でのミスも目立ち始め、周囲ともうまくいかなくなっていきました。この頃から、自分の障害が間違って理解されているとBさんは訴え始めます。ある時、Bさんは、参加した会社の宴席で大暴れしてしまいました。酔った同僚の、「ぜんぜん障害者に見えないね」との一言がきっかけだったようです。泣き叫び、コップや皿など手当たり次第に投げつけたことを、「大変なことをしてしまった」と反省していました。その場はなんとか落ち着いたようですが、次の日から職場で普通に過ごすことはうまくいかなかったようです。

後日、Bさんからメールが届きました。

――今日、社長と面談しました。私が障害の特性を理解してくれていますか?と聞いたら、「長く働きたいんだったら障害のせいにしないで努力しろ」と言われました。周りが何を考えているのか想像しろとも言われました。みんなが気をつかっているんだから、あなたが悪い。これ以上障害を理解できないと言われました。

Bさんは「（気をつかう＝障害を理解している）になるのでしょうか？」と聞いてきましたが、もちろん違います。

2015年3月25日に厚生労働省が告示した「障害者差別禁止指針」には、すべての事業主を対象として、「事業主や同じ職場で働く人が、障害特性に関する正しい知識の取得や理解を深めることが重要」と書かれています。採用した人の障害を理解することは、雇った会社の責務と考えるべきです。面倒な障害者に気をつかっている、それが障害を理解して受け入れているということにはなりません。発達障害とタイトルに書かれた本を読破した社長なら、「周りが何を考えているのか想像しろ」が、Bさんが「もっとも苦手とすること」だと知っていたはずなのに、社長の発した言葉どおりなら、「メンタル疾患者を雇うこちらにも気をつかえ。これ以上駄々をこねるな」というように聞こえてしまいます。

別の会社では、ADHDの人が仕事でミスをした時に、「反省もせず言い訳ばかり」「性格の問題、甘え、努力不足」と叱りつけていました。「ミスは、不注意が特徴のADHDにも原因がある」と説明しようとした言葉が、言い訳と受け止められたのです。上司は「障害のせいだとわかっているなら治せ！」と言い放ったようですが、残念ながら、ＡＤＨＤはいかなる最先端医療でも治せません。

このような人たちに共通しているのは、最初は歓迎して心から受け入れていたとしても、少しずつ調子が狂い、不満が日々積もって、「面倒な障害者を雇っている会社や自分になぜ感謝しないんだ」にズレていくことです。言い換えると、雇った障害者に「配慮する」のではなく「お世話していた」感覚になり、感謝されて当然と考えるようになってしまうのでしょう。

これは、誰にでも起こり得ることです。何かしてあげた時に「ありがとう」の一言を期待してしまうのは誰もが抱く感情ですし、何かしてもらった時に「ありがとう」と感謝するのが常識的な振舞いだからです。もちろん、ほとんどのメンタル疾患者からは感謝の言葉が出てきます。しかし、淡い期待が裏切られることも少なくはありません。

ささいなことに毎度毎度、感謝や労いの言葉を期待する人は少ないでしょう。しかし、他人に何かをしてあげれば感謝されるということへの期待は、いわば本能です。はじめは「感謝の言葉もないなんて、非常識な人だ」くらいで済みますが、それが日々積み重なっていくうち、健常者の精神を疲弊させてしまうことがあるのです。優しく接していたはずだったのに、相手への怒りや憎しみに変わってしまう人もいます。

しかし、メンタル疾患者が相手への感謝を示さないのは、決して悪気があってのことではありません。たとえば「相手がどう思うかに無頓着」は、広汎性発達障害の特性の1つに挙げられますが、これは、言い換えると「感謝の気持ちが芽生えない」ということでもあります。「自分の話したいことしか口にしない」という特性は、「相手を思いやる言葉が出てこない」ということでもあるのです。こうした障害の特性こそが、メンタル疾患者を孤立させ、苦しめています。

実際に、ある地方都市の労働基準監督署職員から「二度と電話してくるな！」と怒声を浴びせられたことを相談に来たメンタル疾患の人がいました。トラブル相談の専門家でさえ怒りや憎しみに陥ってしまうのですから、普通の人ならなおさらです。

7 事件報道が招くタブー視

もう1つの問題が、「タブー視」です。メンタル疾患者のことは、「話題にできないこと」になっているのです。「話題にするのも憚られる」が本音なのでしょう。これでは、上手に付き合うどころではありません。「腫れ物にさわる」になってしまいます。

世間を騒がせるような重大事件では、メンタル疾患の病名が出たり責任能力が問われたりといった報道がされることは紛れもない事実です。メンタル疾患の具体的な病名に触れるのは、こうした報道に接する時ばかりだ、という人もいるでしょう。そうしたイメージから、「なんとなく怖い」と感じてしまうのは、正直な気持ちでしょう。

たとえば、少女誘拐事件の公判に関する次の記事には、2つの病名（自閉スペクトラム症／統合失調症）が登場しています（朝日新聞・2017年8月29日）。

> 公判では被告の刑事責任能力が争点になり、地裁による鑑定では発達障害の一種である自閉スペクトラム症の傾向があったとされた。弁護側は、地裁とは別の精神科医の診断を

もとに「統合失調症で責任能力が限定される状態だった」などと減刑を求めていた。被告はこの日、午前10時半の開廷時刻に奇声をあげて法廷に入り、裁判長から名前や年齢などを聞かれると「私は森の妖精でございます」などと返答。会話が成り立たず、裁判長が「判決期日を延期します」と述べて閉廷した。

無罪や減刑を勝ち取るための法廷戦術や演技であれば言語道断ですが、この記事を読んで、自閉スペクトラム症の人、統合失調症の人は「なんとなく怖い人」と感じる人がいても仕方ありません。

自閉スペクトラム症も統合失調症も、厚生労働省が精神障害者雇用の対象と想定している病名です。言い換えると、「報道で見聞きしている、なんとなく怖い病気の人」が職場に来るのです。そのため、「何かあったらどうすればいいでしょう」と、メンタル疾患者の異常行動や責任能力を心配する人事労務担当者は少なくありません。

仮に従業員の犯罪を想定する場合、健常者であれば懲戒処分で対処すべき問題と考えるのではないでしょうか。就業規則には「会社内において刑法その他刑罰法規の各規定に違反する行為を行い、その犯罪事実が明らかとなったとき」「刑事事件で有罪の判決を受けたとき」は処分の対象になると書かれているはずです。それどころか、従業員が罪を犯したときの対応を事前にシミュレーションしている会社は、まずありません。それなのに、メンタル疾患者については先回りして異常行動や責任能力について心配するとは、「犯罪者予備軍として見ている」偏見の持主として非難されかねないことです。

メンタル疾患をタブー視するのではなく、柔軟な視点で物事を見ることができれば、報道からも有用な情報を手に入れることができます。

たとえば、ある事件の裁判を傍聴した記者が書いた記事には、「法廷での所作はまるで就職の面接のようだった。渡された長文の公判資料を黙々と読み、質問にはきはきと答える。丁寧な言葉遣いと、節目節目にお辞儀する礼儀正しさが印象に残った」、「精神鑑定をした3人の医師に共通していたのは、広汎性発達障害で他者への共感性が欠けているという点だった。「相手がどう思うか」に無頓着な上、深い反省ができない。興味は著しく偏り」と書かれていました（河北新報・2017年4月3日）。

実は、この数行に、職場が知っておくべき情報が詰まっています。「質問にはきはきと答え、丁寧な言葉遣いの礼儀正しい人」と感じさせる人が、障害特性で「相手がどう思うかに無頓着で、深い反省ができない」面を持っている。この情報を知らなければ、受ける印象と見せる態度のギャップにとまどってしまいます。

また、障害特性で「深い反省ができない人」に、その人のためを思って、再発防止を願いミスを深く反省するよう迫ることもあり得ます。しかし相手は「反省できない人」なので、返ってくる反応は「口答え」や「言い訳」としか受け取れないでしょう。そんな特徴がある人もいるのだと知らなければ、「言い訳するな！」と追い込んでしまいかねません。そのような行為はいずれ、「障害を理解してもらえない」「同僚からの差別がひどい」というメンタル疾患者の不満につながります。そして、メンタル疾患者が何に困り、どう苦しんでいるのか、周囲がいつまでも気づけなければ、トラブルの火種は消えることがありません。

8 強い依存性が招くトラブル

メンタル疾患者に見られる「他者への強い依存」も、トラブルを招いてしまうことがあります。メンタル疾患に特有の依存性は、「何から何まで他人のせいにする」と表現したほうがわかりやすいほど強いものです。極端な言い方で説明すると、「甘やかせばつけあがる、突き放すと攻撃してくる」ことが病状なのです。

たとえば、障害年金を受給しながら働いているメンタル疾患者は少なくないのですが、年金を受給できるかどうかは「医師の診断書次第」と話してくれた人がいました。つまり、「いかに医者をだますか」にかかっているというのです。ここが問題です。精神疾患の場合、障害年金の認定に期間（1～5年）があるので、うつ病などメンタル疾患者の多くは1～2年ごとに診断書を提出しなければなりません。審査の結果、年金を打ち切られることもあるのですが、「打ち切られたのは診断書の書き方のせいだ」と医師への不満や不服に変化し、「わざとだろう」と医師を責め立ててしまう人が稀にいるのです。

実際に筆者が経験した事例をお話ししましょう。

職場でパワハラを受けているという双極性障害（躁うつ病）の人からの相談でした。相談者の話を鵜呑みにしてしまった筆者は、「なんてひどい会社だ」と感じてしまったのです。ところが、会社との話合いで、相談者の素行不良が証拠とともに示されました。本人に確認したところ事実だと認めたので、「会社との交渉を打ち切る」ことを伝えました。すると、「あんたが会社と闘おうと言ったんだろう！」と激高したのです。

会話の中で筆者が発した言葉尻をとらえて、筆者の責任問題だと詰め寄ってきました。この時の筆者は、相談者とのコミュニケーションに失敗していました。それから数か月、深夜にまで及ぶ電話やメールでの抗議が続きました。特に、インターネットの掲示板への書込みには苦慮しました。表現が巧妙で、運営会社は削除に応じてくれません。「あなたが闘うべき相手は会社であって、ユニオンではない」と粘り強く説得することで、どうにかこうにか収めることができました。

同じようなトラブルは、誰の身に降りかかっても不思議ではありません。残念なことですが、思いどおりにいかなかったことで逆恨みしてしまう人が少なからずいるのです。そして、「何気ない一言に傷つき、24時間そのことばかり思い返し、憎しみへと変わってしまう」特徴を持つメンタル疾患の人がいても、外見から見抜くことはできません。あなたがその病状に気づけるとしたら、思い当たることがないのに憎しみの対象にされ、さんざん攻撃された後でしょう。そうなってから後悔するくらいなら、すべてのメンタル疾患者と上手に付き合う方法を身につけておいたほうがよいのではないでしょうか。

9

「優越感」を持てない健常者

穏やかだった人が豹変してしまった。

「障害のせいにするな」と励ましていた人が、「障害者のくせに」と罵倒してしまった。

そんな経験があるという人は、驚くほど多く存在します。極端な言い方になりますが、メンタル疾患者に対して「優越感」を持てない健常者が少なくないからです。優越感は誰もが持っている感情ですが、これを持てないことで自尊心が傷ついたり心に余裕がなくなったりするのでしょう。感情的になってしまう側面があるのです。特にメンタル疾患者にはＩＱが高い人、ボキャブラリー豊富な人が多く、「ああ言えばこう言う」面倒な人と感じてしまうようです。

筆者は実際に、集団心理がエスカレートしてしまった職場で、メンタル疾患者を袋叩きにしてしまった上場会社と話合いをしたことがあります。スマホに録音された暴言などは、イヤというくらい何度も聞いています。

皆さんが「そうならない」と言い切れる根拠は、頼りないもののはずです。誰もが「メンタル疾患者と上手に付き合う方法」を知るべき理由や根拠は、被害者にも加害者にもならないためなのです。本書で取り上げるエピソードは、決して人を楽しい気分にさせるものではありません。しかし、どれも、健常者・メンタル疾患者のどちらにも大切で、決して目を逸らしてはならない現実の1コマです。

chapter 2

世間にあふれる情報は職場で役に立たない

あふれる情報をどのように役立たせるか

前章を読んで、「メンタル疾患者と付き合うのはこれほど大変なのか」「自分にはとても無理」と感じた人も少なくないでしょうが、筆者はもちろん、メンタル疾患者のすべてを難しい相手だと言うつもりはありません。筆者がトラブル事例ばかりを紹介するのは、「事実、大変なことは多い。それでも、少し意識を変えて理解できれば必ずうまくいく」ことを伝えたいからです。

受け入れる側が意識を変え理解を進めなければ、いつまでもトラブルの火種は消えません。「変わるべきはメンタル疾患者の側だ」という考え方では、問題行動を繰り返す人を、まるで「そこに存在しない人」のように扱わなければならなくなるでしょう。あなたが何の知識も持たず漫然と付き合っていれば「わが身に火の粉が降りかかる」タイミングに気づけないこともあります。

とはいえ、メンタル疾患者に関する情報は世間にあふれていますが、職場で受け入れる際に役立つ情報はほとんどないのが現状です。そこでこの章では、メンタル疾患者と上手に付き合っていくために「世間にあふれる情報をどのように役立たせるのか」、具体的な手法を解き明かしていきます。

1

知れば知るほど遠ざかる

第73回労政審障害者雇用分科会（2017年5月30日）で、障害者代表として出席した委員が提出した意見書には、「以前から統合失調症等の『より就職や定着が困難な人たちへの支援』が必要となっている。たとえば、以下の様な方法が考えられる」として、具体的な提案が次のように記されています。

(1) メンター制度を導入しマンツーマンで支援する
(2) 職業リハビリテーション勤務の導入（例：通院することも仕事として位置付ける等）
(3) 体調に合わせて勤務時間を調整できるようにする

障害者雇用施策を議論する公式の場で、「よりサポートシステムを充実させろ」と提案されたのですから、現状では不十分だということなのでしょう。

しかし、「人手不足の職場でマンツーマンの支援は難しい」「通院も仕事って、そもそも無理がある」、これが受け入れる側の本音ではないでしょうか。「ここまでしなければ、メンタル疾患者は働けないのか？」という見方をする人もいるかもしれません。

これからの社会は、「メンタル疾患者に、より手厚いサポートを」と迫ってきます。誰もが、あとになって「理解はしていたつもりだったけど、トラブルになってしまった」という事態に陥らないための心構えを持つことが求められています。

あらゆるメンタル疾患に関する情報は世間にあふれていますので、それらによりメンタル疾患について知ることは可能です。ところが、情報を集め、知れば知るほど、「メンタル疾患者は、そもそも働けないのではないか？」と考えてしまうようになる人は少なくありません。知れば知るほど、メンタル疾患者像が「一緒に働く人」から遠ざかってしまうこともあります。

たとえば、「○○をすれば大丈夫」「○○しないよう配慮を」など、メンタル疾患者への対応についての情報は十分過ぎるほど世間にあふれていますが、日々の業務に追われている人であれば、「そこまで気を回せない」「こっちもそれどころじゃないんだ」などと、「職場ではそこまで対応できない」と感じることも多いでしょう。こうした「職場で対応できない情報」に基づいた対応は、誰にだってできません。

また、極端な言い方をすれば、あふれているすべての情報を鵜呑みにして、たとえばＡＤＨＤの人が働きやすい職場を作り上げると、アスペルガー症候群の人には働きづらい職場になります。同様に、躁うつ病の人が働きやすい職場にすれば、健常者は働きづらくなってしまうでしょう。

「せっかく集めた情報が、職場で役に立たない」ということは、決してめずらしいことではないのです。

2

発想を転換し、想像力を駆使する

万全を期すためなのか、公開されている情報の中には、職場には不要なものも多く含まれてしまっています。職場対応を前提にした、シミュレーションされた情報が少ないのです。

職場で大切になるのは、十分過ぎるほどある情報を活用するために、発想を転換すること、想像力を駆使することです。そのままでは「職場で対応できない情報」を、発想の転換と想像力により、「職場対応可能なもの」に変換すればよいのです。

ある障害特性について、レストランでの食事の場面を例に考えてみましょう。

X店は、シェフがテーブルに来て、「今日の料理はいかがでしたか?」と丁寧に聞いてくれます。一方のY店は、テーブルにアンケート用紙が置いてあります。記入は無記名でかまいませんし、用紙を投函できるポストも用意されています。

X店では、さすがにシェフに向かって「まずかった」とは言いにくいでしょうから、本当のところはどうあれ、「おいしかったですよ」と言う人が多くなるでしょう。

一方、Y店のアンケートは無記名ですから、中には辛辣な評価を書く人もいるはずです。

この感覚が、正反対になってしまうメンタル疾患者がいます。彼らは、おいしいと感じていてもシェフに「こんなひどい店は初めてだ」と言い放ち、まずいと感じてもアンケートには美辞麗句を書き連ねます。

このような「感覚の違い」を知るための情報なら、たくさんあります。「こうしたメンタル疾患者もいる」という情報を得て、目の前にいるメンタル疾患者について「今言っていることは正反対の意味かもしれない」と発想を転換し、「実のところどう考えているのか」を想像して対応することができれば、問題は起こりません。

大手運輸業の関連会社に勤務するCさん（ADHD・躁うつ病、30代男性）のトラブルは、会社のホームページや求人媒体にCさんが露出していたことが発端となって起こったものでした。

Cさんは、障害者雇用に積極的な会社の、「実際に働いている人の声を紹介したい」

という希望に進んで応じていました。「仕事中の雰囲気を伝えては?」など、Cさんから提案することもあったようです。そんなCさんが、「髪をかきむしりながらオフィスを走り回る」「誰彼かまわず大声で罵る」など、問題行動を繰り返すようになってしまいます。

会社はやむなく休職させていましたが、復職を願うCさんは「フォローしてほしい」と相談に訪れました。筆者はCさんに、問題行動の原因を聞いてみました。すると、「自分が障害者だと公言するようなことを嫌々やらされていたから」と、理由を話してくれました。実はCさんは、「働く障害者として露出することを嫌がっていた」のです。

Cさんのこうした行動こそが、障害特性です。自分が採用された会社は素晴らしいと考えていたCさんは、いつしか「積極的に情報発信する人のほうが職場の方針に沿うだろう」と思い込み、そうした人物像を演じ切っていました。これが職場では「Cさんの本心からの行動」と受け止められていたので、「嫌なことをさせられた」と苦悩するCさんの問題行動について、理由や原因に気づくことができなかったのです。

Cさんが「本心ではメディア露出を嫌がっていた」と知った担当者は、「Cさんが出たいと言ったのに！」と絶句していました。

Cさんの復職には、求人媒体に掲載する写真の変更やホームページの修正など、手間やコストがかかりました。この時、「自分から言い出したくせに何だよ」で終わらせると、同じことを繰り返してしまいます。

職場側の反省事項として、メンタル疾患の特性で「思ってもいないことを自ら提案してしまう人」がいると知っていれば、Cさんに対し何度か意思確認することができたはずです。「本当に出てもらって大丈夫ですか？」と聞けば、Cさんも、「実は……」と話し始めていたでしょう。職場が障害特性を知らなかったことで、Cさんに「実は自分が障害者だと公言するようなことはしたくない」と本心を語らせるチャンスを奪っていたとも言えるのです。

職場でのシーンを思い浮かべると、第一声に「慣れましたか？」「どうですか？」と聞く人は多いと思います。すると、「慣れました」「大丈夫です」との答えが返ってくるかもしれません。そう聞いてしまうこと自体が間違った対応なのかもしれない、返ってきた返事は正反対の意味かもしれない——そんな想像をして対応を考えることが大切です。これが、発想を転換し、想像力を駆使して、情報を職場対応可能なものへ変換するということです。これは決して難しいことではなく、誰でもできるようになります。

3

情報を“解凍”する　—うつ病

「うつ病」は、情報が多く出回っている病気の1つです。うつ病には「ゆっくり休む」のが最善の治療法で、周囲の「頑張れ」はNGワード——と一般に言われています。しかし、職場では、決められた日数出勤して、仕事を「頑張って」もらわなければ困ります。

うつ病の人に職場で頑張ってもらうためには、そのままでは職場で役立たない情報を、職場で使えるように〝解凍〟する必要があります。冷凍されたマグロを、刺身で食べられるよう解凍するのと同じイメージです。

もとになる情報はどのような情報源から入手したものでもかまいませんが、たとえば、厚生労働省が開設している総合サイト「みんなのメンタルヘルス」では、「うつ状態でみられる症状」について、次のように説明しています。

◆患者が自分で感じる症状

「憂うつ、気分が重い、気分が沈む、悲しい、不安である、イライラする、元気がない、集中力がない、好きなこともやりたくない、細かいことが気になる、悪いことをしたように感じて自分を責める、物事を悪い方へ考える、死にたくなる、眠れない」

◆周囲から見てわかる症状

「表情が暗い、涙もろい、反応が遅い、落ち着かない、飲酒量が増える」

まず、この中から情報をいくつかピックアップします。業務や職場での人間関係に直接影響しそうなのは、『イライラする、集中力がない、細かいことが気になる』あたりでしょう。『悪いことをしたように感じて自分を責める』症状も、知っていれば、そんな様子が見られても「ああ、このことか」と気にならなくなりますから、付き合いをスムーズにしてくれる情報です。

これらの情報を〝解凍〟していきましょう。

まず、「イライラして、集中力がなく、細かいことが気になる」人と、どうすればうまく付き合うことができるか、ぼんやりと考えてみます。その際、その人が「涙もろく、反応が遅いのに落ち着きがない」ことも忘れてはいけません。

すると、「普通に会話しようとすれば、こちらもイライラしてしまうだろう」と想像できるはずです。「落ち着いて！」「仕事のことに集中して！」「大事な点を気にして！」「泣かないで！」になってしまう可能性が高いでしょう。短気な人なら怒り出してしまうかもしれません。さらに、躁うつ病では、この状態だった人がある日は「異常にハイな状態」で黙々と業務をこなしてしまいます。「いったい何なんだ」と思ってしまうのもあたりまえです。

では、こうした人に対応するためにはどうすればよいのか、1つずつ丁寧に考えてみます。

相手が病気のせいで「イライラしている」のだと知れば、大切なのは「こちらがイライラしないこと」だと気づけるでしょう。相手には告げず、時間に余裕を持たせることで対処できます。

さらに『集中力がない』のですから、会話に長い時間をかけない配慮が適切です。業務指示なら手短に、簡潔なメモなどで対応することが考えられます。たとえば、お子さんの合格発表の日など、仕事が手につかないと感じた日は誰にでもあるでしょう。その日、「自分はどのようなことが気に障ったか」を思い起こしてみてください。そして、うつ病の人に対して同じことをしなければよいのです。

『細かいことが気になる』は、イメージが難しい特徴です。実際は、「何度も何度もしつこい！」と健常者が嫌気を感じるほどの細かさだからです。「尋常ではない潔癖症」くらいが理解しやすいかもしれません。これに対しては、「こちらが細かいことを気にしない」が実践的な対処法になります。相手は「細かいことが気になる」人ですから、さまざまな確認事項で、会話の腰を折ってくることが想像できます。そのたびに丁寧に答えていると、本題から逸れるばかりです。「その点は自分で確認してください」「気になる点は、あとでまとめて文書で提出を」と、「毎度毎度、応じない」ことが適切な対応になるでしょう。

4

情報を“解凍”する　―発達障害

次に、発達障害について考えてみましょう。

厚生労働省が開設している総合サイト「e-ヘルスネット」では、アスペルガー症候群の人について次のように説明しています。

> 「表情や身振り、声の抑揚、姿勢などが独特」「親しい友人関係を築けない」「慣習的な暗黙のルールが分からない」「会話で、冗談や比喩・皮肉が分からない」「興味の対象が独特で変わっている（特殊な物の収集癖があるなど）」といった特徴があります。このほかに身体の使い方がぎこちなく「不器用」な場合が多くみられます。

この説明を額面どおりに受け取れば、「普通の仕事は無理だろう」「そもそもこんな人を採用できない」で終わってしまいますが、これらの情報も〝解凍〟することで職場で役立てることが可能です。

まず、『表情や身振り、声の抑揚、姿勢などが独特』をイメージしてみます。

「独特」とは、言い換えれば、「奇妙」「おかしい」ということです。表情や身振りが奇妙だということですから、「どう奇妙なのか」を普段の様子を見て知ることから始めます。「どのような時に、どんなふうに独特な言動になるのか」を見つけ、それは病状なのだと知って慣れる必要があるからです。

この時、本人が申告した情報だけに頼ると、のちに「聞いて想像していたのと違う」になりかねません。また、独特な様子が気にならないということをアピールしようとするあまり、からかったような言い方になれば、『冗談や比喩・皮肉が分からない』相手を深く傷つけてしまいますので、注意が必要です。

『慣習的な暗黙のルールが分からない』とは、一般的な習慣や礼儀作法がわからないということです。「明確なルールならわかる」とも言えますが、アスペルガー症候群の人にとっては「明確」そのものが不明確なので、注意が必要です。

極端なたとえですが、葬儀に参列した時に高笑いしてしまう人がいるとしましょう。この人にあなたは、「葬式では笑ってはいけない」ということを明確なルールとして示せるでしょうか。相当困難な作業になるだろうと想像できるはずです。そこでこうした場合、現実的には、葬儀に参列させないことが対応策として考えられます。香典や供花といった対処法なら、就業規則に書かれた「慶弔」など、明確なルールが存在しますから、アスペルガー症候群の人にもわかります。

また、「暗黙のルールがわからない」は、「いつまでも熟練しない」と置き換えると理解しやすくなります。アスペルガー症候群の人を、「自動車運転免許を取って何年も経つのに、教習所で習ったとおり車のまわりをグルっと一周して前後左右を確認し、タイヤの空気圧を見てから乗り込む人」とイメージしてみます。健常者の多くは、運転に慣れてくればそんなことはしないでしょう。その一連の動作について、「いいかげんにしろ、さっさと乗れ」と指示するには、「教習所で習ったことが間違いだ」と明確に示す必要があります。もちろん、教習所が間違ったことを教えることはありませんから、あなたは「ひどい命令をする人」になります。

この場合は、「少し待つ」に慣れる、が正解です。少し待って、たった一度でも、事故につながりかねないタイヤの傷やオイル漏れに気づいてもらえれば、きっと感謝の気持ちを持てるでしょう。

『会話で、冗談や比喩・皮肉が分からない』ことによる親睦会や酒席でのトラブルは、容易に想像できます。当然、参加させるのは避けるべきでしょう。仲間外れにしたと思われないかと気に病む人もいるでしょうが、参加させたことでトラブルになり、結局仲間外れにしてしまうのであれば、結果は同じです。

「誘わない」のではなく、障害への配慮として「参加する必要がない」状況を作れるとよいのですが、そもそも親睦が目的なのであれば、誘わないことが排除につながりかねません。実際、そうした席にはいつも呼ばれない、と不満を漏らす人もいます。この場合、まず開催する目的を説明します。次に、「厚生労働省が『会話で、冗談や比喩・皮肉が分からない』と説明しているが、宴席ではその特性に対する配慮ができない」と伝えます。酔って冗談を言う人がいるかもしれないこと、しかし会社はその人を処分することはできないことなどを伝えるのです。そして、「参加しなくても業務上の不利はない」と説明したうえで、「参加するかどうか決めてください」と、相手に選ばせるべきでしょう。一連の説明を「宴席における明確なルール」と理解し、承知の上で参加した場合なら、冗談に冗談で返せる人が多いことも事実です。

付き合う相手（メンタル疾患者）が、本書のchapter5・chapter6で解説する症状の「どれに当てはまる人か」を見ながら、この手順で情報を〝解凍〟していけば、共感や理解に近づけます。病状が複雑に複合している人でも、特徴には癖がありますから、きっと「どれかに当てはまる」はずです。

5
意識を変えて必要な情報を見つける

さらに、「今まで関わったことがない人」「よくわからない人」「漠然とした不安を感じさせる人」と一緒に働くことを前提に、さまざまな視点から考えてみましょう。「メンタル疾患者と付き合う」必要があることに、自分なりの根拠や理由が見つかれば、より自然に振る舞えるようになるからです。

2020年に東京オリンピック・パラリンピックが開催されます。あらゆる国と地域から、東京に人が集まってくるでしょう。それを見越して、ムスリム（イスラム教徒）のために、「東京駅に祈りの場が用意された」、「ハラール対応の飲食店ができた」との報道がありました。

◆東京駅にイスラム教徒向け祈祷室　JR東日本

JR東日本は、東京駅構内に設けたイスラム教徒向けの祈祷室を報道陣に公開した。東南アジアなどからイスラム教徒の訪日客が急増するなか、祈祷室の設置需要も高まっていたという。旅行中でもお祈りできる環境を整えることで、訪日客へのサービス向上につなげる。

（日本経済新聞・2017年6月2日）

◆ココイチ、ハラール対応店を秋葉原に　訪日客取り込みへ

カレーチェーン「CoCo壱番屋」を展開する壱番屋は、イスラムの教えに沿ったハラール対応の初めての店を、東京・秋葉原に開く。2020年の東京五輪に向けて、イスラム教徒を含む訪日客の取り込みをめざす。

（朝日新聞・2017年9月20日）

イスラム教徒は、世界中に約16億人いるといわれ、キリスト教徒（約20・4億人）に次いで多く存在する人たちです。日本の人口のおよそ10倍以上もいる彼らの特性に沿った対応を考えていくことは、時代の流れとして当然なのでしょう。

イスラム教徒について、「お祈りや食べ物など、面倒なことが多い」といったイメージを持っている人も多いでしょう。海外ではイスラム教徒だというだけでテロリ

スト扱いされてしまうほど、根強い偏見があることも事実です。

それでは、あなたの職場に優秀なイスラム教徒の人が入社してきて、一緒に働くことになったと考えてみてください。会社が決めたことなので、「一緒に働くことなど受け入れられない」「関わらないようにしよう」は許されません。すると、どうやって付き合えばよいのか、迎え入れる相手のことを知る必要に迫られます。

とはいえ、「こうすればいい」「こうしてはいけない」と、すぐにピンとくる人は少ないでしょう。そこで、いろいろと情報を探すことになります。そのうちに、「厳しい戒律がある」という情報に行き当たるでしょう。そして、その先にある、「1日に祈る回数は5回。職場でなら、午後1時頃と午後4時頃の2回で、それぞれ10分程度。場所は特に問題にならない」という情報が見つかるはずです。すると、「その時間に、本人も周囲も嫌な思いをしないためには、休憩時間を工夫すればよいのでは?」と気づくことができるでしょう。

ハラールについてなら、「豚肉を食べられない」に固執してしまえば、「豚肉を口にすることがないよう細心の注意を払わねば」ばかりになってしまいますが、「野菜、果物、魚、卵なら大丈夫」だと発想を転換すれば付き合いやすくなります（実は、イスラム教徒は豚肉を食べることを禁じられているのではなく、肉全般についての処理方法が問題となるのですが、もちろん、一緒に働く人がそこまで知る必要はありません）。

それ以外には、飲酒が禁止されていること、女性の服装への理解（女性は肌を見せてはいけない）くらいで十分でしょう。このくらいの情報があれば、問題なく一緒に働けるはずです。そして、その情報にたどりつく道筋なら、限りなく用意されています。

イスラム教徒の受入れに不満を持ち、理解する気がない人なら、「職場で祈るな！」「面倒だから一緒に食事したくない！」「俺の酒が飲めないのか！」になりかねません。これではトラブル必至です。しかし、「一緒に働くのだから、どうせなら上手に付き合おう」と意識を変えれば、理解する必要や動機が生まれ、必要な情報を見つけ出し、それを適切に活用することが可能になります。

これがメンタル疾患者についてであればどうでしょう。

たとえば、「空気が読めない」は、発達障害の特性として広く知られている病状の1つです。では、「空気が読めない人と一緒に働くのは難しいのか？」――すると、「そもそも、空気を読むとは何だろう？」と考える必要に迫られます。「空気を読めないことは悪いことなのか？」と考える人もいるはずです。こうした自問自答を繰り返すうちに、職場での「空気を読む」とは、「言わなくてもわかるだろう」「最後まで言わせるな」といった感覚でのやりとりではないかと気づくことができるでしょう。

つまり、職場で「空気を読めない」ことで問題になるのは、「最後まで言わなければわからない」ことくらいなのです。それなら、いつの間にか「はしょっている」ようなことも省かずに話そう。経験や習慣からの「普通はこれくらいわかるだろう」で済ませず、丁寧に順序立てて説明しよう。そんな簡単なことで、トラブルは防ぐことができます。これに気づいて実践すると、業務の無駄に気づくことができたり職場全体のケアレスミスが減ったりといった、副次的な効果もあるようです。

意識を変えれば、必要な情報は必ず見つかりますし、適切な対応方法として、それを職場で活用することもできます。もちろん最初は不慣れですから、うっかり忘れてしまうこともあるでしょう。しかし、一度情報にたどりついている人であれば、すぐにフォローできますから、大きなトラブルになることはありません。

6 LGBT・がん・HIV陽性者への取組みに学ぶ

「障害者雇用促進法（障害者の雇用の促進等に関する法律）」は、職場での障害者差別を禁止しています。障害者が働いている会社に勤めている人なら、誰もが無関係ではいられません。

この法律で禁止されている「障害者差別」とは、「合理的配慮を提供しないこと」ですが、メンタル疾患者への合理的配慮とは何なのか、イメージが難しいというのが現場の実感でしょう。

そこで、ＬＧＢＴ・がん患者・ＨＩＶ陽性の人たちが働く職場で求められる態度、つまり「偏見を取り除く」と置き換えて考えてみます。偏見を取り除くには正しい知識や周囲の理解が不可欠だという点では、ＬＧＢＴやがん患者、ＨＩＶ陽性の人を取り巻く環境とよく似ているからです。

たとえば、現在ではＨＩＶ陽性でも普通の生活を送れる人がほとんどです。それでも、「ＨＩＶ陽性＝エイズ」「なんだか不安」「一緒にいたらうつっちゃうのでは」といった誤解・偏見が根強く残っています。職場からそのような偏見を払拭しなければならないということは、多くの社会人が知っています。

東京都が作成した『職場とＨＩＶ／エイズ ハンドブック』という冊子には、「もっとも重要なのは、ＨＩＶ陽性者と一緒に働くみなさんが持つ、ＨＩＶ／エイズに関する知識やイメージです」と書かれています。ＨＩＶ陽性の人が職場でつらい思いをしたり、働きにくさを感じていたりする理由は「旧来のイメージに基づく根強い誤解や偏見」であり、これを取り除くには「ＨＩＶに関する正しい知識を職場で共有すること」が不可欠だとしています。これにすでに取り組んでいる職場なら、メンタル疾患者への対応に応用することができます。

がんについては、内閣府「がん対策に関する世論調査」（２０１４年）によれば、国民のおよそ８割が「がん＝怖い」という印象を持っています。がんになった人が「働き続けられるか」という質問に対する回答の最多は「そう思わない」（６５・７％）で、多くの人が、「がんになったら働き続けられない」と思っています。

厚生労働省「がん対策推進基本計画（第3期）」（2017年10月24日公表）には、がん患者の就労を含めた社会的な問題として、「がん患者には、身体的、精神的な苦痛のみならず、社会的な苦痛があることから、働く世代に対して、主に、就労支援に関する対策に取り組んできた。しかし、依然として働く世代のがん患者が働き続けることを難しくさせている理由として、周囲の理解に関することが挙げられている」と示されています。

がん患者の就労については、国を挙げての取組みが進められていますから、治療と仕事の両立が、現在、労務管理上の重要なテーマとなっていることを知っている人も多いでしょう。厚生労働省は、「事業場における治療と職業生活の両立支援のためのガイドライン」（2016年2月23日）を公表して、企業への対応を求めています。このガイドラインには、次のとおり、具体的な対策が示されています。

□労働者や管理職に対する研修等による意識啓発
□労働者が安心して相談・申出を行える相談窓口の明確化

□短時間の治療が定期的に繰り返される場合などに対応するため、時間単位の休暇制度、時差出勤制度などの検討・導入

この中にも、メンタル疾患に共通するものが少なくありません。

また、ＬＧＢＴの人への偏見を職場から根絶することは、ほとんどの会社が企業理念や企業倫理に掲げています。「１億総活躍プラン」（２０１６年６月閣議決定）に「性的指向と性自認に関する理解増進」が明記されたことを受け、２０１７年１月、人事院が国家公務員の就労規則を改め、ＬＧＢＴなど性的少数者に関する偏見に基づく言動やからかいもセクハラに当たると明記し、違反すれば懲戒処分対象になると通知しました。同じような条項が、いずれ民間企業の就業規則にも書かれるようになることは間違いありません。

メンタル疾患者への合理的配慮を、これらの取組みに共通する部分からイメージし

てみましょう。

現実には、組織的に徹底してＬＧＢＴやがん患者を排除しているという職場は存在しません。「深く理解している人も少ないが、強い偏見の持主もあまりいない」くらいではないでしょうか。つまり、ほとんどの人が「上手に付き合えている」のです。

たとえば、ＬＧＢＴについてであれば、「自分がＬＧＢＴだったら」と考えて共感している人はあまりいません。ＬＧＢＴの人がどのような境遇に置かれているかを深く理解している人も少ないでしょう。自分とは違うけれど、そんな人たちもいて、おそらく苦しいんだろう――このような、「なんとなく理解している」がしっくりくる感覚なのではないでしょうか。

この「なんとなく理解して、なんとなくうまくいっている」状態が、メンタル疾患者に対する態度としても適切です。なぜなら、この状態にある職場は、「偏見が存在していない状態」でもあるからです。メンタル疾患者を、ＬＧＢＴやがん患者、ＨＩＶ陽性の人たちと同じようにとらえてみることで、共感も理解もしやすくなるはずです。

7

「自分の問題」と考える

「ダイバーシティ」（Diversity：多様性）や「共生社会」という言葉を耳にしたことがある方は多いでしょう。しかし、言葉としては広く知られ始めていても、あまり身近に感じていない人が多いのも事実です。

この２つはいずれも「どのような社会を理想としているか」の概念ですが、実は、ダイバーシティと共生社会には「副作用もある」ことが指摘されています。「どのような社会を理想としているか」より、「どのような副作用があるのか」のほうが、メンタル疾患者を受け入れる職場には必要な情報です。

ダイバーシティは、１９９０年代のアメリカで広がった考え方で、「市場の要求の多様化に応じ、企業側も多様な人材を活かし、最大限の能力を発揮させる」というものです。当時のアメリカでは、女性や黒人・移民などマイノリティの「採用率を数値目標に設定し、雇用枠を確保して」積極的に採用していました。しかし、採用してもすぐ辞めてしまうこと（定着率の低さ）が新たな問題として浮かび上がります。採用されたマイノリティが、他の従業員から「目標を達成するために採用された人」と仲間扱いされず、活躍の機会も与えられないといった事例が少なくなかったのです。

当時のアメリカで起きたことは、メンタル疾患者をめぐる現在の日本とよく似ています。定着率の低さはあらゆるデータが示していますし、メンタル疾患者の多くが「無視されている」「仲間扱いされていない」「昇進や昇給すらない」と筆者に訴えます。

共生社会の実現は、日本政府が目標に掲げています。「すべての国民が、障害の有無によって分け隔てられることなく、相互に人格と個性を尊重し合いながら共生する社会の実現に向け、障害を理由とする差別の解消を推進すること」を目的として、「障害者差別解消法（障害を理由とする差別の解消の推進に関する法律）」が２０１６年４月１日に施行されました。「すべての国民が」で始まるこの法律ですが、内閣府「障害者に関する世論調査」（２０１７年９月30日公表）によると、およそ80％の人がこの法律を「知らない」と答えていますから、「ほとんどの国民が」無関心だと言ってよい結果です。

共生社会が求める「インクルージョン教育」のデメリットと指摘されているのが、「障害者排除の思想」を持つ懸念です。インクルージョン教育とは、障害のある子どもが、健常児と同じ教室で学習することです。このとき、障害のある子どもの隣に座った健常児が、（教師からの圧力などで）やりたくないのに「お世話係」をさせられ、「迷惑をかけられた」「自分は損した」と感じてしまうことで「障害者排除の思想」を持ってしまう可能性が指摘されています。

職場に置き換えると、障害者と同じ職場・隣の席になったために、（上司からの圧力で）やりたくないのに「お世話係」をさせられ、「迷惑をかけられた」「自分は損した」と感じてしまい、「障害者排除の思想」を持ってしまうということですが、こうなってしまう人がいないとは言い切れません。

誰もが関心を持つべきなのは、「どのような社会が理想なのか」ではなく、ダイバーシティや共生社会の掛け声のもと「障害者を受け入れること」が世界的な常識になり、社会的な要請となっている現実です。そして、とても崇高な理念ではあるけれど「みんながみんな、うまくいっているわけではない」ことを知っていれば十分です。

「2020年東京オリンピック・パラリンピック」「LGBT・がん患者・HIV陽性者」「ダイバーシティ・共生社会」……どのような観点からでもかまいません。職場にメンタル疾患者を受け入れる、自分なりの根拠や理由を見出すことで、「自分の問題」に置き換えることができると思います。「本当はよくわかっていないけれど……」くらいのあいまいな根拠でも、自分なりに割り切れれば、「なんで付き合わなければいけないんだ！」という反感は和らぐでしょう。

職場にメンタル疾患者を受け入れることは自然なことであり当然のことなのだと受け止めることができれば、付き合う態度にも余裕が生まれます。余裕があれば、自然に振る舞えるようになります。どこからでも、無理やりにでも、自分なりの根拠や理由を引っ張り出すことができれば、メンタル疾患者と日々付き合うことも、決して難しいことではなくなります。

chapter 3

コミュニケーションがうまくいかないメンタル疾患

「コミュニケーションの障害」の真相

「コミュニケーションとは何ですか?」と質問されたら、どう答えますか? 「言葉のキャッチボール」だったり、「打てば響く」をイメージしたりする人は多いのではないでしょうか。

国語辞典には、「社会生活を営む人間が互いに意思や感情、思考を伝達し合うこと。言語・文字・身振りなどを媒介として行われる」(大辞泉・小学館)と書かれています。多くの人が思い浮かべる「コミュニケーション」には、共通の感覚や認識が存在します。

文化庁「平成28年度 国語に関する世論調査」(2017年9月21日公表)によると、「コミュニケーション能力は重要か」との問いに、すべての年代で90%以上の人、20代では全員が、

「そう思う」と答えています。こう答えた人には、共通認識としての「コミュニケーション」が浮かんでいたでしょう。

この結果を踏まえ、東京大学大学院の橋元良明教授（コミュニケーション論）は、「SNSの普及に伴い、相手を尊重し、他人の目に自分がどう映るかを気にする人が増えた。コミュニケーション能力が飛躍的に高まったともいえる」と分析しています（朝日新聞・2017年9月21日）。つまり、コミュニケーションツールの発達によって、より高いコミュニケーション能力を求める傾向が強くなっているのです。

圧倒的多数の人たちが重要だと考えていて、社会生活では高い能力を求められる「コミュニケーション」が、「どうもうまくいかない」のがメンタル疾患です。メンタル疾患者の多くは、「コミュニケーションが苦手」と嘆きます。それでは、メンタル疾患者とのコミュニケーションは、「何が、どう難しい」のでしょうか。メンタル疾患者の「コミュニケーションの障害」の真相を知らなければ、誰も、メンタル疾患者と上手に付き合うことはできません。

■1

“異種格闘技戦”のような議論

メンタル疾患者には独特の「コミュニケーションの難しさ」がありますが、これを知らない職場の健常者は、自身が正しいと信じてきた方法で意思の疎通を図ろうとします。すると、ズレが生じ、ルールが違う者同士が対戦する「異種格闘技」のような様相を呈することがあります。しかも、格闘技同士なら相手が倒れたら負けといった一定のルールもありますが、メンタル疾患者と対立すると、「剣道vs水泳」とか「ボクシングvs野球」といったイメージでの〝異種格闘技戦〟になることも少なくありません。

2016年11月、茨城県教育委員の1人が「妊娠初期にもっと（障害の有無が）わかり、出産を減らせたら」と発言しました。特別支援学校を視察して「教職員もすごい人数が従事して、大変な予算だろうと思う。親も苦労が大きいと感じた」ことが、この発言につながったようです。決して褒められる発言ではありませんが、委員としては、「予算や人手、親の苦労など、深刻な現実に何か対処法を考えなければ」という趣旨だったのでしょう。

これにすかさず、社会的発信力の高い身体障害者が「僕は生まれてこなかったほうがよかったんですか？」とインターネットに書き込み、騒動になりました。芸能活動をしている知的障害者は、「僕は不幸じゃない！」と、新聞紙面に怒りのコメントを寄せました。当初は「そのような意味の発言ではない」と擁護していた県知事も謝罪し、委員が発言を撤回して辞任したことで、この騒動は沈静化していきました。

しかし、このやりとりを冷静に見てみると、そもそも議論がかみ合っていないことに気づきます。委員の発言は、良くも悪くも合理的な考え方から発せられたものです（もちろん、障害のある人がどう受け止めるかという思慮は完全に足りなかったと言えます）。ところが、障害者側はとても感情的です。委員の発言は障害者が不幸だという趣旨ではありませんから、非合理的な反応とも言えます。「合理的な意見」と「感情的な意見」の対立が表面化すると、謝罪、発言の撤回、辞任しか、騒動を収める手段がなくなります。

一般常識や価値観が真っ向から対立してしまうこともあります。たとえば、制限速度40キロの道路があったとします。ところが、この道路はほとんどのドライバーが50キロ以上の速度で走っているとしましょう。朝、誰もが急いでいる時間帯に「頑なに40キロで走行する」人をメンタル疾患者だとすると、「流れに合わせろ」とイライラしてクラクションを鳴らす人が健常者になります。このときに「どちらが悪いのか」を議論すれば、「法律を厳密に守る vs 一般常識には従う」になってしまいます。決着は、流れに合わせられないメンタル疾患者の集団からの排除、つまりメンタル疾患者を「仲間外れにする」しかなくなるでしょう。

このような対立が職場で起こってしまうのは、決してめずらしいことではありません。感情的になっているメンタル疾患者からの相談はとても多く、解決が難しいことも特徴の1つです。職場で「合理的な考え方」と「感情」が対立すれば、いがみ合うばかりになってしまうからでしょう。

たとえば、あなたが、部下であるメンタル疾患者に報告書の書き方について説明していたとします。会話の流れが紆余曲折しているうち、メンタル疾患者が「いつも馬鹿にされている」「みんなが偏見の目で見ている」と言い出すことがあります。これに対し、あなたが「誰も馬鹿にしていない」「偏見と言われたら何も言えなくなる」と応じれば、〝異種格闘技戦〟が始まってしまいます。いつの間にか会話がズレているのですが、この原因となるのが、メンタル疾患者の独特の「コミュニケーションの障害」です。もちろん、報告書はいつまでたっても書けるようになりません。

2

問題は「独特のコミュニケーション」

コミュニケーションには、「双方向のやりとりで、意思の疎通を図り、お互いが微調整しながら積み上がっていく」という、誰もが期待するイメージがあります。コミュニケーションが円滑であれば安心や安堵を感じ、うまくいかなければ不安や怒りを覚えることにつながります。

メンタル疾患者との「コミュニケーションが難しい」のは、メンタル疾患者のコミュニケーションのとり方が独特であり、こうした「健常者の知っているコミュニケーションが通用しない」からです。具体的には、メンタル疾患者のコミュニケーションは、「話が堂々巡りする」「本末転倒してしまう」「立場や関係性があいまい」「冗談が通じない」「公私混同の概念がない」といったイメージです。

たとえば、何かの業務を頼んだ時に、昔の失敗談を語り「これまでダメだった、今回もダメに決まっている」となってしまう人がいます。さらに飛躍して、「それなのに、どうしてそんなことをさせるのか！」と敵対してくる人もいます。実際に筆者も、会社で働き続けたいと願う人にアドバイスしていたところ、いつの間にか話が「私に働いてほしいなら会社は何をしてくれるんですか?」にすり替わってしまっていた経験や、「あなた（筆者）は私に何をさせたいのですか?」と責め立てられた経験があります。

話が順序だっておらず、たとえが適切でないために、メンタル疾患者の正義感や責任感の強さが誤って伝わって、健常者が「何でも障害のせいにする」「理解しない周囲のせいにする」「人のミスは許さないが、自分のミスは責められると困る」と受け取ってしまうこともあるようです。

こうした独特さは、特徴を知っていればさほど気にならなくなりますが、それでもうまくいかないこともあります。こちらも感情的になってしまえば、障害の特徴などといった話はすっかり忘れてしまうでしょう。

3

周囲には「冷静さ」が必要

化学メーカーに勤務するDさん（発達障害、20代男性）から、「緊急！大変なことが起こりました！」とのタイトルで、筆者にメールが届きました。何通ものメールを要約すると、「パワハラ被害に遭いました。無理難題を要求され、退職強要されました。証拠もあります」ということのようでした。

Dさんが「証拠」と言った、会社から渡された文書は次のようなものでした。

①業務ミスは言い訳せず素直に認めること。次のミスを防ぐためにも必要です。
②自分を理解してもらえないことばかり嘆かないこと。
③他人の悪口を言わないこと。人の悪口を言うと信頼を失います。SNSに会社や社員の個人情報を載せると就業規則違反になることがあります。
④入社してから時間が経ちました。新しい仕事に挑戦してください。

書かれている内容は、ごくあたりまえのことばかりのように見えます。パワハラの証拠というより、むしろ、会社の苦悩が窺えるようにも読めます。しかし、Dさんは、パワハラ被害を本気で訴えていました。

業務の指導や注意も、重要なコミュニケーションの1つです。会社とDさんのコミュニケーションがどのようにズレていったのか、見てみましょう。

Dさんは、会社の信用を失いかねない、致命的な業務ミスをしていました。そこで会社は、「面談などで人と話すことが苦手な障害特性に配慮した」結果、改善してほしいことを文書にして渡すことにしました。今回の業務ミスだけを注意・指導すると、深刻に受け止めてしまい精神的に萎縮してしまうのではないかと考えて、このような文面になったようです。

ところが、この書面を渡した上司の「このくらい守れなければクビになる。できないなら、ほかの仕事を探したほうがいい」との一言が、Dさんを混乱させてしまいました。そして、実はDさんはミスを反省し後悔していたのですが、やりとりの中で頑なになってしまったのです。

Dさんの考え方はこうです。

- 業務ミスの原因には障害そのものが関わることもある。
- 周囲からの障害への理解がないのに怒られた。これはパワハラではないか？
- 障害のせいで苦手にしていることを要求された。これは無理難題の要求ではないか？
- 上司の「これを守れなければクビ」「ほかの仕事を探せ」との言葉は、退職強要ではないか？

メンタル疾患者から発信される意思や感情は、言葉が丁寧過ぎたり、順番が入れ替わったりしてしまうことがあります。たとえば、反省や謝罪を伝える時に不要な言葉が混ざり順序が逆になってしまえば、健常者には、言い訳や屁理屈として聞こえてしまうでしょう。

だからといって、感情的になって「売り言葉に買い言葉」になると、健常者が発する言葉にも不要な言葉が混ざってしまいます。その一端が、会社がDさんに渡した文書から垣間見えます。この書面には、不必要な言葉が多過ぎるとも考えられるのです。

たとえば、「他人の悪口を言わないこと。人の悪口を言うと信頼を失います」（文書③）は、Dさんの障害特性では「他人の悪口を言わないこと」と「人の悪口を言うと信頼を失います」が、「信頼を失う明確な根拠や道筋」を示さない限り文章の流れとしてつながりません。そのため、Dさんには、まったく意味の違う内容の2つの文が一緒に書かれているように読めてしまい、新しい意味を探そうとしてしまいます。悪口の概念が違うとも言えますから、そこを省いてコミュニケーション（注意・指導）しようとするのは不可能です。「他人の悪口を言わないこと」だけなら理解できました。同様に、「ミスを認めることで、ミスが防げる」（文書①）についても、「なぜそうなるのか」を明確に示さなければいけません。

さらに、「新しい仕事に挑戦してください」（文書④）は、慣れたこととの変更が苦手な障害特性からは、苦痛なことでしかありません。つまり、「将来への期待を込めた言葉が、苦痛でしかない」のです。すると、「自分を理解してもらえないことばかり嘆かないこと」（文書②）は、「会社は障害を理解する気がまったくない」としか読めません。

このように、「健常者ならわかる、正しい指導が通用しない人もいるのだ」と知らなければ、反省し後悔していたDさんを、「パワハラ被害に遭った、退職強要された」と、心理的に追い込んでしまいます。

筆者はDさんに、「自分のミスをどう思いますか？」と聞いてみました。するとDさんは、「申し訳ない」と答えました。次に、「会社にはどうしてほしいですか？」と聞くと、「許してほしい」とのこと。そこで、「この書面に、障害への配慮が欠けている文面があるのは会社のミスです」と伝え、「ミスをした会社を許せますか？」と聞くと、「もちろん許せます」と答えました。

これで問題は解決しました。そしてその後、Dさんは同じミスをすることもなくなりました。

この時、「会社は悪くないのに許しを請うなんて」と考えていたら、いつまでも同じトラブルを繰り返します。「悪くない」「許しを請う」は、健常者の考えるコミュニケーションでは問題があるかもしれませんが、Dさんは、会社が謝罪したとは受け止めていません。「自分が許されたから、会社を許す」くらいの感覚でしょう。

このように、常に本題から脱線しないよう注意する「冷静さ」が周囲には必要です。〝異種格闘技戦〟にしないためにも、「こちらから脱線しない」ことです。

参考までに、Dさんに注意を促すための書面を渡すなら、次のような文面にすればよかったでしょう。

> 今般の業務ミスについては過失の割合が大きいと判断しましたので、就業規則第○条に基づき（けん責処分）を科します。この処分に不服があるときには、○日以内に書面で提出してください。今後、社員行動規範に背く行為が見られる場合、重ねて懲戒処分対象となり懲戒解雇も検討せざるを得ません。行動規範に沿った行動を心がけてください。

4

「風が吹いても桶屋は儲からない」

あることが原因となって、その影響がめぐりめぐって意外なところに及ぶ――「風が吹けば桶屋が儲かる」は、そんな様子をたとえたことわざです。「風が吹くと砂ぼこりが舞う」から連想される状況から考えていくと、「桶を買う人が増える」「桶屋が儲かる」にたどりつきます。

これを無理に、「風が吹いても桶屋は儲からない」ということわざを作ってみると、メンタル疾患者のイメージの連想の特性が理解しやすいでしょう。

風が吹くと砂ぼこりが舞う……
←
雨が降れば砂ぼこりが収まる……
←
雨が続くと嫌な気分になる……
←

気分と天気は関係しない……
↓
そういえば、そもそも桶を見たことがない……
↓
それなら桶屋は儲からない！

「意味がわからない！」と言わないでください。大切なのは大まかな感覚です。正順が逆になる人、独特のつながりを持つ人がいる——そう考えることで、「コミュニケーションの障害」をほんの少し理解できるのです。

これは、順序を逆にしたり三段論法を入れ替えたりすることで、健常者の知っているコミュニケーション法が通じるということでもあります。たとえば、「I like apples. 私はリンゴが好きです」を、「私は、好きだ。リンゴが」と翻訳する人がいたら、「翻訳が間違っている」とは感じるでしょうが、語順の違いをわざわざ指摘しなくても、「何を言いたいか」は理解できるのではないでしょうか。

5

シンプルな対応でうまくいく

中堅製薬会社に勤めるEさん（気分障害、30代女性）のトラブルでは、配慮が不足していたと考えた会社が、本人と面談しながら改善することを約束してくれました。「会社と話し合って、Eさんも歩み寄らなければいけない」と筆者が伝えると、Eさんから次のようなメールが届きました。

——面談をしないといけないのですね。正直、面談に耐えられるか、わからない。私の希望は「障害の理解」だけです。他に説明がつきません。みんなにおかしいと思われ、悪意を向けられたまま、職場に居られない。健常者と比較され、否定されれば、それだけ精神がすり減ります。これも、障害のせいと理解されなければ、まわりの反発を生みます。周囲は私が障害者だと知っているかどうかもあやしい。乏しい「障害者のイメージ」で、あいつは違う、わがまま、とか言われる。周りの持っている障害者のイメージなんて知らないし、そんなものは演じられない。私には、わかりやすい障害者を演じるのは無理です。障害への理解なしで、配慮はもらえません。そういう時に黙って見ている人も一緒です。毎日、毎日、居ないみたいに扱われたり、悪口言われたり。そもそも、人と話すのは苦手なんですけど、今さら、何話していいのかわからないし、どう伝播するか、わからない。シミュレーションしても、言葉が浮かばないです。なにも浮かばない。ただ泣きたくなります。もう、わかんないし、こわいですね。せっかくのチャンスなのに、こわいです。

メンタル疾患者とのメールのやりとりについては、のちに詳しく解説しますが、最後から読むのがコツです。このメールでは、最後に「チャンス」という言葉が登場しています。Eさんの本心は、「職場が理解してくれるチャンスかもしれない……でもユニオンが介入して騒動になったから会社は嫌がっているかもしれない……面談に臨むのが怖い……」です。つまり、「面談は怖いが、ユニオンに入ったことで会社が対応してくれるチャンス」だと、本質を理解しているのです。

このメールに、「面談しなければ始まらない。怖がらなくても大丈夫」と返信したり、「ここで逃げてはいけない」と叱咤激励したりすることには、意味がありません。

「チャンスを活かすために、会社に伝えたいことを箇条書きにしたらどうか」といった、アドバイスをすればよいのです。

この時、Eさんのメールを先頭から読んでいくと、会社が改善に向けた面談をしようとしているのに、会社をまったく信用していない、面談にも応じる気がない、と読めてしまいます。このように、「順序が違ってしまう」「不必要な言葉が多く詰まってしまう」ことがメンタル疾患者のコミュニケーションの特徴だと覚えてください。

たとえば、業務ミスについてなら、問われるのは能力や責任です。能力なら「評価」、責任なら「範囲」と「取り方」がすべてです。ところが、その人の将来を考え、「同じことを繰り返すことは損」だと教えてあげたい、心優しい人は少なくありません。すると、コミュニケーションを通じて、今後の仕事への向き合い方や周囲の思い・期待を伝えることになります。再発防止を期待するなら、本人からの「反省の弁」を求めてしまうでしょう。その言葉を受けて、「今回に限り責任を問わない」ことや、「今後の努力が見えればマイナス評価しない」ことを伝えることになります。

この時、その心優しい人の言葉には、「叱責と期待」「処罰と大目に見る」が混在してしまっていないでしょうか。ミスの責任を問いながら「責任を問わない」、マイナス評価だが「マイナスにしない」と言っていないでしょうか。これでは、業務ミスの原因は自身の障害特性にあるのだと考えている人は、「意味はわからないが『病気を治せ』と言っているのだろう」としか受け取れません。

筆者の経験では、雇用契約の延長時に使われがちな「これが最後のチャンス」というフレーズを理解できない人が多いように感じます。「偉そうに、何様だ」と怒る人、「どうして最後なのか」と悩む人、単純作業の毎日に「チャンスという言葉が必要か？」と苦しむ人。そもそも「最初のチャンス」がなかった、と反論する人もいます。たった一言にも、「最後」という絶望的な意味と、「チャンス」という前向きな意味が混在してしまうものなのです。

仮に、「最後のチャンスをあげる」が、自分がひどい人だと思われないために出た言葉なら、その思いは見抜かれていると思ってください。結局、シンプルに「もう一度同じミスをしたらクビ」のほうが、「ミスをしなければよい」ことを伝えやすいのです。

健常者が厳し過ぎると感じるくらいの姿勢で接することが、メンタル疾患者に「一人前に扱われた」と嬉しく感じさせることは少なくありません。「あなたのために、あえて厳しくしているのだ」という思いや気持ちは、必ず通じます。

6 「来る者は拒まず、去る者は追わず」

コミュニケーションが独特であることを多少理解できたとしても、常日頃からいつも気にし続けることは、とても難しいことです。うっかり忘れて熱くなった後で、「あっ、そういえば！」となることもあるでしょう。

これを避けるためには、日々、あなたが感情的にならないようにすることが大切です。メンタル疾患者への接し方の極意は、「来る者は拒まず、去る者は追わず」を意識することです。

厚生労働省の総合サイト「みんなのメンタルヘルス」では、広汎性発達障害について、「自分の話したいことしか口にせず、会話がつながりにくいことがしばしばあります。初めてのことや決まっていたことの変更は苦手で、なじむのにかなり時間がかかることがあります」と説明しています。この情報から、広汎性発達障害者の人への適切な接し方をイメージできるでしょうか。

職場では、自分の話したいことしか口にしない人から、こちらが聞きたい情報を聞き出さなければなりません。会話がつながりにくい人にも、説明して納得してもらわなければいけません。仕事では、「初めてのことや決まっていたことの変更」ばかりで、それになじんでもらうために時間をかけようにも、納期や時間には限りがあります。

職場が知りたいのは、話したいことしか口にしない人から、こちらが聞きたい話を聞き出す方法であり、会話がつながりにくい人と会話をつなげる方法です。初めてのことや変更事項に、どのくらいの時間があればなじめるのか、です。しかし、その答えはどこにもなく、結局、接してみて個別に「へえ、そうなんだ」と感じるだけの人が多くなるでしょう。

実は、この「へえ、そうなんだ」がメンタル疾患者への対応として適切なのです。これを筆者の言葉で説明したのが、「来る者は拒まず、去る者は追わずの心構え」です。

「来る者は拒まず」とは、どのような人が来ても拒まず受け入れるということです。

もちろん、言葉どおりにはいかないことも少なくありません。中でも厄介なのは第一印象で、良い人もいれば悪い人もおり、受け入れるのに第一印象が邪魔をしてしまうこともあります。

極論を言えば、どのようなメンタル疾患者が来ても拒まず受け入れるには、こちらがいろいろなもの——たとえば信念や先入観、価値観や自分の知っている常識などを捨てなければなりません。これまで「誰とでも仲良く付き合う」をポリシーにしてきた人が、「他人と関わりたくない」病状を持つメンタル疾患者を受け入れるには、自分の方針を変えて「そっけなく」しなければならないということです。「そっけなくして、冷たい人だと思われないか」と心配になるのも先入観や価値観の1つですし、「それは違うだろう」と感じるのはこれまで培ってきた常識と違うからです。相手に合わせるというより、自分らしさを捨てるといったイメージでしょうか。

大切なのは、「ひどい目に遭うのではないか」といった先入観を捨て、「どんな人だろう」と興味を持たず、根拠なく苦手意識を持たないことです。そして、「メンタル疾患の人はこうだろう」と決めつけないことがポイントです。誰もが、無意識に「きちんと話せばわかってくれるだろう」と思って対応しがちになりますが、多くの人は「都合のいい障害者像」を作り上げています。この障害者像を捨てなければ、あとになってからの微調整は効きません。

「来る者は拒まず」は、「はじめ仲良く」ではありません。「はじめ仲良く」と考えた理由や動機が「ハンディのある人に優しく」ということであれば、偏見と受け止められかねません。むしろ「はじめはそっけなく」、次第にコミュニケーションを増やしていくほうが適切です。「そういえば、もう何年も一緒に働いているね」と、あとになって気づくイメージです。

「去る者は追わず」とは、去っていく人には何も求めないということです。つまり、感謝や謝罪の言葉を求めず、「何だよ、ここまでしたのに」と思わないということです。これを実践していると、「自分が疲れない」という効果があります。感謝の気持ちがまったくない人もいれば、感謝の気持ちはあっても表現ができない人もいますが、「まあ、人それぞれだから」くらいに受け止めることができれば適切です。

たとえば、メンタル疾患者からの個人的な相談に乗り、親身になってアドバイスしていても、ある時突然、あれほど頻繁だったやりとりが一切なくなることがあります。「おそらく解決したのだろう」と思っていても、拍子抜けしたり、「何かあったのでは?」と気に病んだりしてしまうかもしれません。これでは、こちらの精神が疲弊してしまいます。日頃から、喜びや労いの言葉を期待せず、経過や結果の報告を心待ちにしない、「去る者は追わず」の心構えがあれば、そうした問題は起こりません。

「来る者は拒まず、去る者は追わず」は、「あなたを疲れさせない」接し方です。あなたが疲れなければ、相手のメンタル疾患者が疲れることもありません。

たとえば、親睦会にメンタル疾患者を誘うかどうかの場面で、「誘わないと、仲間外れにしたと思われないか」と思うことが、あなたにストレスを感じさせています。誘ってトラブルになれば、これも当然、強いストレスとなります。そのトラブルが原因となって結果として仲間外れにするようなことになれば、さらにストレスが重なり、精神が疲弊していきます。「誘わないことで、仲間外れにしたと思われてもいいや」くらいの、自分が疲れない接し方を心がけることが結局、どちらにも良い結果となる場合があるのです。実際に、意識的にコミュニケーションを減らしたことで円滑な人間関係を築けているケースは、決して少なくありません。

7 「あなたのためを思って」と思わない

とはいえ、一緒に働いていれば、親身になったり同情したりすることもあるでしょう。その時に注意しなければならないことは、メンタル疾患者に対して「あなたのためを思って、と思わない」ことです。

「ひどいことを言うな」と感じる人がいるかもしれません。しかし、これにはきちんとした根拠があります。それは「逆転移」や「カサンドラ症候群」（131ページ参照）という言葉で表される、「ひどいことを言うな」と感じた人への精神的な影響です。

先に、「トラブルの過程で、当事者のメンタル疾患者の5倍もの従業員が精神的ダメージを受けて体調を崩したり退職したりしている」と書きました（3ページ参照）。「あなたのためを思って」、親身に接していた人ほどそうなっている事実こそが、見過ごせない現実なのです。

「転移と逆転移」は、精神科医療の臨床分野で使われる言葉です。大まかに説明すると、「転移」は、患者が医師に依存したり怒りの感情をぶつけたりすることで、「逆転移」は、その反対に医師から患者に向かう感情のことです。イギリスの著名な精神科医D・W・ウィニコットは、その著書の中で、次のようなことを述べています（北山修翻訳『小児医学から精神分析へ――ウィニコット臨床論文集』（岩崎学術出版社、2005年1月刊））。

- 精神科医がどんなに自分の患者を愛していても、患者を憎んだり恐れたりすることは避けられない。
- 患者との長期的心理療法において、私が怒りや憎しみを抱くことは頻繁にある。保持するトレーニングを受けていなければ患者を責めるかもしれないと思う。
- 憎しみや怒りなど、不快な感情を保持しておくことは非常に大変な作業のように思う。皆さんはどうやってこの苦行に耐えているのでしょうか？

専門家である精神科医でさえ、メンタル疾患の患者を憎んだり恐れたりすることがあるのです。精神科医療の現場では、この「逆転移」の感情を治療に活かすという議論もありますが、私たちは医者ではありません。その人を治療するのではなく、同僚や部下として接するには、「自分の感情をコントロールすることが重要だ」と知っていれば十分です。

また、2017年7月26日の朝日新聞に掲載された「やまゆり園事件が残したもの」という記事には、次のように書かれています。

> 福祉施設職員に関する研究をしているルーテル学院大の関屋光泰・助教は、東京都内を中心に約60カ所の障害者施設などで職員向けのストレスケア研修を行ってきた。
> 「忙しい時に利用者への言葉がきつくなり、そんな自分を責めてしまう」
> 「自分の感情をコントロールできなくならないか不安だ」
> 研修の受講者からは、そんな悩みが多く寄せられる。関屋助教は「利用者の障害や個性に応じた振る舞いや言葉遣いが常に求められ、精神的に疲弊しやすい。自分が理想とする支援ができず、自己嫌悪に陥る職員も多い。支援の質を保つためには職員の心身の安定が重要。精神的ケアの必要性に改めて目を向けるべきだ」と訴える。

障害者施設で働いている職員は、一定の専門知識を持った人たち、いわば「障害者と接することが仕事」と割り切って考えられる人たちです。そうした人たちでさえ、自身の心身の安定が重要で精神的ケアが必要であると指摘されるのですから、そうした知識もなく同じ職場で一緒に働くだけの人が、自らの精神的ケアに注意する必要があることは言うまでもありません。

8 コミュニケーションはたかが「意思の疎通」

もう1つ、「カサンドラ症候群」について紹介しましょう。これは正式な病名ではなく、発達障害のパートナーと情緒的な相互関係が築けないために配偶者やパートナーに生じる、身体的・精神的症状を表す言葉です。カサンドラ症候群に陥るメカニズムは、次のようなイメージです――発達障害のパートナーとのコミュニケーションがうまくいかず、思いや気持ちをわかってもらえないことから自信を失ってしまう。パートナーが世間からは問題がある人に見えないので、不満や問題を抱えていると話しても誰からも信じてもらえない。その葛藤から精神的・身体的苦痛が生じる。……

夫婦生活では、いろいろな問題が起こります。その時に、理由はわからないが苦しい、そして周囲は苦しんでいることすら理解してくれない、という二重の苦しみの状態に置かれてしまいます。「問題の本質がわからないこと」「周囲が問題の存在さえ理解してくれないこと」の2つが、カサンドラ症候群の問題の本質と言われています。

発達障害やその可能性のある夫との関係に苦しむ妻らを支援する「アスペルガー・アラウンド」という団体のホームページには、こんな一文が書かれています。

アスペルガー・アラウンドでは、夫婦関係はもとより、兄弟や親子、職場のパートナーとの関係など、ＡＳ（アスペルガー症候群）、またはＡＳ傾向のある方と関わる事で、心身に影響が出ることも、全てカサンドラ状態として、考えています。ＡＳの方は、ご自分の特性に気づいていない方も多く、また、外見からは分かりにくいのです。この分かりにくさが、関わった方も、共に孤立させます。

この団体が作成した『パートナーがアスペルガーかな？と思ったあなたへ　脱出カサンドラ／入門編』という冊子には、パートナーへの対応について、「感情的な伝え方は、最も苦手なことのひとつ。要件を箇条書きにして伝えましょう」「口頭での連絡は避け、スケジュール表やメールなどの視覚伝達を」など、具体的な対処法が書かれています。そして、カサンドラ症候群から脱出するためには、別居など「自分を優先すること」との助言がされています。

このカサンドラ症候群のメカニズムは、職場に置き換えることができます――隣に座ったメンタル疾患者とのコミュニケーションがうまくいかない、なんとかしてほしいと上司に相談しても、「指導方法が悪いのでは」「もっと優しくしてやれ」で、まったく理解されない。「自分がなんとかしなければ」と自分を追い込んでしまう。その葛藤から精神的・身体的苦痛が生じる。……

まえがきで紹介したWEB記事に寄せられたコメントには、「こちらがおかしくなりそう」「こっちの精神が崩壊しそう」「精神障害者のおかげでうつ病に」など、さまざまな問題が挙げられていました（5ページ参照）。メンタル疾患者と一緒に働いている健常者がこのような感情を抱いてしまう理由として、障害特性である「他者への依存」が、「甘やかせばつけあがる、突き放すと攻撃してくる」と感じさせてしまうことが挙げられます。これは性格の問題や悪意からのものではなく、独特の病状の表れ方なのだと知らなければ、精神的に影響を受けてしまいます。さらに、場を和ませようと冗談を言ったのに通じない、言葉が気に障ったのか「仕事中にふざけている」と上司に苦情が届いた――そんな日々が続けば、誰だって参ってしまいます。

医者や専門家でも心が病んでしまうことがある。夫婦間ですら難しいことがある。そんな実態を知ることで、「自分がおかしいのではない」と確認することができます。「こっちがおかしくなる」「自分が病んでしまう」という感覚に陥らないための注意は、健常者側で行うべきことなのです。そして、いち早く気づいて修正しなければ、あなたがメンタル疾患者を憎んだり恐れたりしてしまってても不思議ではありません。「自分だけは大丈夫」と過信しないでください。

「あなたのためを思って、と思わない」コミュニケーションは、「自分のことを大切に思う」ことにつながります。そして、それがメンタル疾患者にも安心感を与えることになります。

誰もが大切にしているコミュニケーションは、「たかが『意志の疎通』」にすぎません。職場でなら、業務上必要最低限のやりとりで済ませることも可能でしょう。そうするうちに、ある日、「あれ？　コミュニケーションの量が増えているな」と、必ず気づくことができるでしょう。

9

「なんとかしてください！」に対応する

「あの人、なんとかしてください！」

こう言って、あなたの部下が、その隣に座るメンタル疾患者について相談してきたとしましょう。このような苦情や愚痴は、絶対に見過ごしてはいけません。ここで軽く扱ってしまうと、相談してきた部下を抑うつ症に追い込んだり、本格的なトラブルに発展したりと、のちにさまざまな問題が生じます。「メンタル疾患者とのコミュニケーションがうまくいっていない」と周囲に漏らす人がいたら、すでにうつ病（抑うつ症）の一歩手前と考えてください。なぜなら、うまくいかなくてあたりまえであるはずの状況を、受け止め切れなくなっているからです。

こうした相談に対して、「変わった人だから気にしないように」ではダメです。「我慢して」も不適切です。まず、メンタル疾患者のどんな言動に、どのように困らされているのか、頻度やこれまでどう対処していたかなどについて、具体的に聞き出してください。この時、思いつくままアドバイスをすることも避けるべきです。

次に、「どうすればいいと思うか？」と、部下に解決案やアイデアを求めてください。答えが「あの人を辞めさせてください」でも「席替えしてください」「部署を変えてください」でも、どのような案でもいったん受けとめます。

そして今度は、名指しされたメンタル疾患者に話を聞きます。あくまでも個々との面談で話を進め、三者面談は絶対に避けてください。

メンタル疾患者との面談では、中立の立場でいることが案外難しいので、注意が必要です。健常者が嘘を言うはずがない、だから「このままでは働きづらくなる」と心配りして、「あなたのためを思って」出てくる言葉をかけるのは禁物です。最初からメンタル疾患者を悪者扱いしていると受け止められてしまうからです。そうなると、問題が感情的な対立にすり替わってしまいます。「○○さんから苦情が届いた。あなたはこんなことをしたのか？」と事実確認したり注意したりするのではなく、あなたに相談してきた部下について、「どう思いますか？」と聞いてみてください。必ず、「理解がない」「いじわる」のような、何かしらの苦情が出てくるはずです。

次に、そのメンタル疾患者にも、「どうすればよいと思うか？」と、提案を求めてください。「ここだけは徹底してほしい」という解決案が出てきますし、「謝りたい」と言い出す人もいるでしょう。いずれにしても、対応しやすい簡単な対処法がたくさん見つかるはずです。

このやり方は、「うつる」病気から、あなたや職場の誰かを守るために必要な知識です。「うつる」とは、インフルエンザのように伝染するのではなく、精神的な「影響を受けてしまう」という意味です。「問題点を探さない」「どちらが悪いかをはっきりさせない」「悪いところを治さない」、つまり「あなたのためを思わない」ことで、適切に対応することができるのです。

10 メールのやりとりに必要な注意

同じ職場で一緒に働いていれば、業務連絡など、メンタル疾患者とメールをやりとりする機会は少なくないでしょう。メールの送受信もコミュニケーションの1つですから、ある程度の注意が必要になります。

メンタル疾患をオープンにして働いている人は、自分の障害を理解してもらおうとするあまり、文字情報の量が多くなる傾向があります。とても丁寧に、そして理路整然と書かれていますので、必要な情報が網羅されているという利点がありますが、非常識だと感じさせるほど膨大な量になることもあります。「読むのも一苦労」だと、辟易してしまう人が多いのです。

こうしたメンタル疾患者とのメールのやりとりに健常者側の感覚を持ち込んでしまうと、本題から逸れてしまったり、本末転倒したりしてしまいかねません。メールのやりとりでも、「あなたのためを思って」や「何とか理解してもらおう」が通用しない場合が多いのです。「死にたい」に「死んじゃダメ」、「みんなに嫌われている」に「誰も嫌っていない」などと返信することがNGということです。「メールに書かれた一言一句すべてに答える」ような対応をすると、メンタル疾患によっては、「どう接すればいいかわからない」と混乱してしまう病状があります。相手が丁寧過ぎることに、「何か魂胆があるのではないか」と苦悩してしまう人もいるくらいです。

筆者が経験からたどりついた対処法は、「メールを最後から読む」です。相手から届いたメールの最後に「また連絡します」と書かれていたら、返信せず、次のメールが届くのを待ちます。文末が「どう思いますか?」であれば、「何について意見を求められたのか」を、メールの最後からさかのぼって探していきます。相手に「連絡をください」と伝えたのに、いっこうに連絡が来ない場合でも、こちらから催促はしません。

これが適切な対応だと言える理由は、私たちが日常的に使うコミュニケーションに潜んでいる、「親しみ」と「馴れ馴れしい」、「厳しい」と「嫌われている」の違いを理解しづらい病状にあります。気分障害では「不安である」「物事を悪いほうへ考える」症状が、発達障害では「暗黙のルールがわからない」「冗談や比喩・皮肉がわからない」症状が、判断を難しくさせてしまいます。

また、メンタル疾患者が連絡をしてこないのは、健常者が想像し得ない何かに苦しんでいるからです。あなたが「どうして連絡をくれないのか」と問い合わせることで、さらに追い込んでしまうことになります。相手から届いたメールに書かれていることが、独り言や愚痴としか読めない、いわば「答えようがない内容」なのであれば、「答えを求めていない」のですから答えないほうがよいのです。


とはいえ、連絡が途絶えれば「どうしたのかな？」と心配になりますし、まるで無視するかのような対応ですから、自己嫌悪に陥る心優しい人も多いでしょう。それを克服するには、「医者や専門家でも心が病んでしまうことがある。夫婦間ですら難しいことがある」ということを思い出してください（134ページ参照）。

たとえば、メンタル疾患者の中には、誰も期待していないことに無理に応えようとしてしまう人がいます。これはＡＤＨＤの人たちに多く見られる病状です。彼らは、メールのやりとりが不自然に途絶えた時にあなたが「何かあったの？」とメールすれば、何があったわけでもないのに何かあったことにしなければ〝期待〟に応えられないと、ありもしないエピソードを作ってしまいます。

これにあなたが素直に驚けば、相手は「引くに引けなくなって」いきます。そんなメールのやりとりを続けていると、いずれは「別の人物になり変わらなければならない」ほど相手を追い詰めてしまい、どこかでほころびが出ます。支離滅裂な内容に変化したり、矛盾が生じたりすることもあるでしょう。その時、あなたがその点を指摘すれば、一転、憎むべき相手として攻撃対象にされてしまうこともあり得るのです。

メールなら、あなたから送信するメールに「○行以内」「冒頭や結びの言回しを固定する」など、定型的なルールを課すとよいでしょう。「常に敬語を使う」などはお勧めです。送る文字数を制限してしまえば、相手から届いたメールのどの部分に回答するかを考える必要に迫られますから、やりとりがスムーズになるはずです。

コツは、「文字による伝達」に重点を置くことです。電話や会話など、言葉によるやりとりでは、「やっと理解してもらえた」と思っても、次の日にはまったく正反対のことを言ってきます。二度手間だと感じながらも苦心して説明し、今度こそ理解してくれたと思っても、その次の日にはまた反対のことを言ってきます。そんな堂々巡りに疲れてくれれば、誰だってイライラします。強い口調で「昨日も説明したでしょう！」などと言ってしまえば、トラブルになることは言うまでもありません。

11 言葉を額面どおりに受け取らない

面談などで交わされる会話は、もっとも難しいコミュニケーションです。メンタル疾患者と上手に付き合うには、「話された言葉を額面どおりに受け取らない」意識が求められます。

多くの人が「コミュニケーションがうまくいかない」と悩むのは、会話の仕方がまじめ過ぎるからです。不謹慎な言い方かもしれませんが、メンタル疾患者との会話は流れがスムーズですから、「打てば響く」を無意識に期待してしまい、「コミュニケーションが難しい」をすっかり忘れてしまうのです。

メンタル疾患の人との会話が独特になるのには、理由があります。その症状が会話のベースとなるため、会話が独特なものとなってしまうのです。たとえば、気分障害の人は「不安である、集中力がない、細かいことが気になる、悪いことをしたように感じて自分を責める、物事を悪いほうへ考える、死にたくなる」が、発達障害の人は「慣習的な暗黙のルールがわからない、冗談や比喩・皮肉がわからない、興味の対象が独特で変わっている」が、会話のベースとなっています。

会話には仕草や表情がつきものですが、「額面どおり受け取らない」のは、そのような部分にも及びます。たとえば、気分障害の人の言葉を額面どおりに受け取って会話を続けていると、まるで「うまくいかなければ死ぬしかない」と言っているように聞こえてきてしまいます。表情もそのとおりに見えますから、「なんとかしなければ」と考える人が少なくないでしょう。しかし、何度「そういう話じゃない」と言っても、同じ内容の話が繰り返されます。この時に「面倒くさいな」と感じたり、「もう関わるのはよそう」と嫌悪感を抱いてしまったりする人も少なくありませんが、その感情は必ず相手にも伝わり、これがトラブルのきっかけとなります。

では、「困った時に相談する人がいない。もう死ぬしかない」とメンタル疾患者から相談されたら、どうすればよいのでしょうか。「○○さんは聞いてくれないの?」「誰に相談してもいいんだよ」「○○さんなら適任だと思う」――そんなふうに言う人がいるかもしれません。「死ぬことでは解決しない」「みんな苦しくても頑張っている」と励まそうとする人もいるかもしれません。

しかし、本書をここまで読み進めたあなたなら、これが通用しないことに気づけるでしょう。

筆者が実践しているのは、この相談を額面どおりに受け取らず、「困った時」「相談する人」「いない」に分解して会話を進める方法です。「死ぬしかない」については聞かなかったことにしてしまいます。

まずは、「困った時」について詳しく聞き出します。職場で「何にどう困るのか?」「どのくらいの間隔で困るのか?」「特定の人が困らせるのか?」といった質問をします。すべてに具体的に答えられる人なら、深刻な問題を抱えています。会話の中から問題点が伝わってくるはずです。具体的に答えられないなら、話題を変えてみます。日常生活や趣味について、また健康状態などについて質問してみます。問題を抱えていることは間違いないだろうと考え、それを探し出すイメージです。漠然とした答えであれば、愚痴や不満の類ですから、「困った時」にはもう触れません。

「相談する人」については、相手が思い描いている「相談する人」を詳しく聞き出します。精神科医のような専門家をイメージしているなら、メンタルヘルス窓口など、考えられる相談先を助言する程度にとどめます。友人や話し相手のようなイメージなら、仕事への意欲が薄れていたり障害への配慮が過剰だったりしていないかを疑います。

最後に、「いない」については、「あなたは相談する人を必要としているのか？」、つまりそうした人が「欲しいのか？　欲しくないのか？」を聞いてみます。答えが「必要としている」なら、コミュニケーションや情報が不足しています。続けて、「その必要が満たされる状態」をどうイメージしているか聞いてみます。社内メールのルールや相談窓口の設置など、具体的な要望が出されるでしょう。「なんとなく、いれば安心する」のような答えであれば、周囲への依存が強くなっていたりコミュニケーションが過多になっていたりすることが考えられます。

実は、「いなくてもいい」と答える人は少数派ではありません。この時に、「だったら話をした意味がわからない」と考えてはいけません。「相談する人がいない」は、

「余計な話をする人がいる」の可能性があるからです。つまり、職場のコミュニケーションが多過ぎることにストレスを抱えていると受け取ってください。業務の流れなのか職場レイアウトなのか、いずれにしても見直すべき課題が見つかるはずです。話し好きの人と席を離すことや、周囲が「気軽に話しかけない」ようにすることで解決する場合があります。

12
「一方通行」でかまわない

もう1つ、「同僚からひどいことを言われた」という相談が寄せられた場合はどうでしょうか。「そんなことあり得ない」「事実なら厳しく注意しなければ」が通用せず、「つらかったでしょう」がもっともNGな対応だということには、あなたももう気づけているでしょう。

このような内容が話された時は、「病状が悪化して就労に耐えられる状態ではない」「業務のミスマッチが生じている」などを早期に判断できるチャンスです。二次障害やPTSD、フラッシュバックなど、深刻な問題行動になる一歩手前の状態をいち早く知ることができるタイミングになります。

こちらも、「同僚」「ひどいこと」「言われた」に分解して質問します。

「同僚」については、とにかく個人名を聞き出すことが大切です。具体的な名前が出てこない場合、「たぶんこう思われているだろう」と考えているケースがあります。「名前を言えないなら事実ではないのだろう」で終わらせず、その発言の真意を突き止めなければなりません。つまり、誰に「たぶんこう思われている」と考えているのか、その個人名について聞き出す必要があります。「相手には伝えない」「秘密は守る」などと、あの手この手で聞き出してください。

個人名が出された場合、すぐ事実確認をしてはいけません。その人がなぜ「ひどいこと」を言ったのか、思い当たる原因がないかを聞いてみてください。「思い浮かばない」が答えなら、「理由を勝手に想像してみてください」と言ってみます。「こういう理由だと思う」と話された内容から、全体像が見えてくるはずです。

「ひどいこと」の多くは、指導や注意です。質問して、「ひどいこと」の一言一句を聞き出すことで、大まかに理解できるはずです。詳しく聞いてみると、本人がミスしたあとの注意である場合が少なくありません。ただし、「ひどいこと」ではなく「ひどい言い方」の場合がありますので、言回しや強弱、状況については詳しく聞き出す必要があります。

「言われた」には注意が必要です。「本当に言われたのですか?」のような確認をしてはいけません。「そんなことを言う人じゃない」「思い違いでは?」は最大のＮＧです。心の中で思っただけでも見抜かれると心得てください。「何月何日の何時頃、場所やシチュエーションは？」を聞き出すイメージで質問します。

このような手順で会話を進めていくと、本題から逸れることが少なくなります。それほど難しいことではありません。コツは、「質問責め」にすることです。相手の話に耳を傾けるというより、二者択一を迫るようなイメージです。たとえば、「つらい、助けて」と言われた時に、「頑張って」と励ますのではなく、「何がつらいのか」を具体的に聞き出し、思いつく限りの対処法を示して、相手に選ばせるような意識です。

参考までに、筆者の面談方法を紹介しましょう。

- □ いつから障害を自覚しましたか？
- □ 子ども時代や学生時代をどう過ごしてきましたか？
- □ （就職歴や退職理由について）社会人として、これまでどのように過ごしてきましたか？

□（診断名や通院歴を聞き）現在の主治医を信頼していますか？
□（職場で）障害で一番困ることは何ですか？
□社会の厳しさや、ルールを守ることについてどう受け止めていますか？
□（トラブル相談ばかりなので）自分が悪いと思うところはありますか？

このように質問ばかりをしています。途中、相手からの質問をさえぎることもめずらしくありません。相手からの質問を受けたり、言いたいことを聞いたりしなくても、いずれ、メールや書面で詳しく書かれたものが届きます。

多くの健常者が「一方通行」と感じるコミュニケーション法が、メンタル疾患者から情報を聞き出す上では適切であり、それが安心や満足を与えることにつながります。

13

「相手に合わせる」がコミュニケーションの基本

あなたが「一方通行」と感じる状態でも、メンタル疾患者が「双方向」と感じているなら、あなたは合わせるべきです。なぜなら「相手に合わせる」は、コミュニケーションの基本だからです。小さな子どもと話す時に、しゃがんで優しい言葉を使うのと同じです。

文化庁「平成28年度 国語に関する世論調査」を分析した大学教授は、「相手を尊重し、他人の目に自分がどう映るかを気にする」ことを、「コミュニケーション能力が高い」と称しています。つまり、コミュニケーションが苦手な人は、「相手を尊重できず、他人の目に自分がどう映るか気にならない」人ということになります。

「相手を尊重できない、他人の目に自分がどう映るかを気にしない」人と上手に付き合おうとするなら、こちらも「相手を尊重せず、相手がどう思うか気にしない」ことが、「相手に合わせる」ことになるでしょう。おかしな話ですが、本当にこれでうまくいくのです。メンタル疾患者にとっては、健常者の価値観や常識が一方的に押し付けられていない、良好な状態だと感じられるのかもしれません。

「コミュニケーションの障害」の真相は、あなたが知っているコミュニケーションと根本的な構造が違うということです。期待した返事が返ってこなければ不安や怒りを感じ、思いが伝わらなければもどかしさや自己嫌悪に陥る。つまり、コミュニケーションの障害とは、メンタル疾患者に「それでよいのか？」と問うことではなく、あなたの精神面にのみ影響を及ぼす、「あなたの側にだけ存在する問題」でもあるのです。

あなたにできることは、「慣れる」ことしかありません。そして、「慣れる」ことは、決して難しいことではないのです。自分が「わかり合えた」と感じた時、相手は「わかり合えない」と感じている――こんな感じなんだろうな、とイメージできれば十分です。

筆者も、ユニオン設立当初はメンタル疾患者との一度のやりとりに1～3時間かかってしまうことが普通でしたが、今では、誰とでも1回15分程度で意思の疎通ができるようになりました。あなたも必ず、「慣れる」ことでこうなれます。

chapter 4

「理解できないくらいストレスに弱い」と理解する
「見た目は変わらない」の落とし穴

メンタル疾患者の外見は、ほとんどの場合、普通の人と変わりません。どのようなメンタル疾患であれ、「外見から正確に判断することはとても難しい」ことを知っている人は多いでしょう。しかし、「見た目は普通の人と変わらない」ということがどのようなトラブルを引き起こすのかについては、あまり知られていないのではないでしょうか。重要なのは、障害が見た目からわからないため、周囲の人たちが先入観や間違った思い込みを持ってしまう現実です。

「見た目は普通の人と変わらない」には、「ストレス」という落とし穴があります。

メンタル疾患者には、「ストレスに弱い」という特徴があります。もちろん誰だってストレスには弱いものですが、それとはそもそも次元が違う「弱さ」です。健常者が共感すらできないほどの弱さであり、自分が心身ともに弱っている時と比較して「なるほど」と理解しようとすることも諦めなければならないほどです。見た目は同じでも「人種が違う」と感じてしまうほどの違いがあるのだということを知ることが、理解への入り口です。この理解がなければ、メンタル疾患者が「甘えている」「障害を言い訳にしている」と感じるようになり、これがトラブルのきっかけともなります。

1

わかろうとしてはいけない

メンタル疾患者に共通する特徴として、「ストレスに弱い」が挙げられます。この「ストレスに弱い」について、健常者が自分と比べて度合を量ろうとしてはいけません。「わかってあげたいと思う」「わかろうとする」ことで、「わかったつもり」になってしまうことがあるからです。

「わかったつもり」は、もっとも危険です。これに陥らないためには、「わかろうとしない」しか対処法がありません。

メンタル疾患者のストレスに対する弱さは、健常者が自分に置き換えて思い描くことができないほどのものです。たとえば、「近くで人が怒られた」「誰かに用事を頼まなければならない」「電車が混んでいた」ことが原因で体調を崩すこともあります。「季節の変わり目には会社に行けない」という人もいます。しかし、その原因は「ストレス」という単語でしか表現できないので、周囲は体調不良の深刻さになかなか気づくことができません。

また、メンタル疾患者は「電車が混んでいた」が体調不良の理由として職場で通用しないことを理解していますから、説明が複雑になってしまい、より一層わかりにくくしてしまいます。そして、体調不良はしばらく休養しても治りません。この「しばらく」も、健常者の感覚で置き換えると「長期間」になってしまうでしょう。

気分障害に見られる病状の、「うっとうしい気分」から考えてみましょう。

うっとうしい気分なら誰にでも経験がありますから、交わされる言葉や表情からある程度理解できてしまいます。つまり、「わかったつもり」になることが可能です。すると、「私にも同じように落ち込む時がある」と励まし、「私も入社したての頃は……」と人生経験を語りながら諭すことになるでしょう。

この時、多くの人が、うつ病の「うっとうしい気分」は健常者のイメージとかけ離れたものである、という前提を忘れてしまいます。

うつ病は見た目からはわかりません。それどころか、周囲に気づかれないよう振舞ってしまう人もいます。そのため、うつ病の人に「誰だってそのくらいの悩みはある」「くよくよするな」と、気にし過ぎないよう心配りしてしまうミスが多くなります。しかし、「頑張れ」でも、「ゆっくり休め」でも、深刻なトラブルを招いてしまうことがあるのです。

大手証券会社に勤務するFさん（気分障害、30代男性）は、「過労によるうつ病の再発」と医師に診断され、会社を休職していましたが、このままでは退職させられてしまうという焦りもあり、休職期間満了を前に復職しました。

「迷惑をかけましたが、もう大丈夫です」と張り切るFさんの仕事ぶりを見て、「休み明けで少し無理をしているな」と感じた上司は、仕事のことは気にさせずゆっくり休ませなければと考え、「会社より健康が大切だ」「無理せずもっと休んでいいんだぞ」と優しくアドバイスしました。この時に、「俺も若い頃に無理し過ぎた」「休んだ分はいつでも取り返せる」と口添えしていましたから、「わかったつもり」になっていたのかもしれません。

「ありがとうございます」と笑顔を見せていたFさんでしたが、翌朝、駅のホームから飛び降りてしまいました。自殺未遂に及んだ理由は、「上司に使えない奴と思われ、退職を迫られた」と感じたからでした。

メンタル疾患者の場合、励まされたり、優しい言葉をかけられたりすることにも弱いケースがあります。認知のアンバランス（187ページ参照）から、かけられた言葉やその人の優しさが逆効果になってしまい、追い込まれていると感じてしまう人もいるということです。

発達障害の人では、ストレスに対する弱さが二次障害を引き起こしてしまうことがあります。障害特性である独特の言動が職場の人たちに理解されなければ、非難されたり仲間外れにされたりすることがあります。そのような日々にストレスを感じ続け、いつか限界が訪れれば爆発してしまうのです。この時、ストレスに抵抗するエネルギーは、内に向かうか外に向かうか、どちらかになってしまいます。

ＡＤＨＤのＡさんのメールを思い出してください（40ページ参照）。

――もう無理です。本当にムカつきます。自分も、職場の人達も全部めちゃくちゃにしたいです。感情が内側に向かえば「もう死のう、海で死のう」「やっぱ、首吊ろう」で、外側に向かえば「みんな死なないかな？　みんな死んだら、誰もいない世界で好きなように生きられる」「車で会社に突っ込もう」になるのが問題です。

発達障害の二次障害では、問題行動を伴うケースが多くなります。

ストレスに抵抗する方向が内側に向かった場合には、出社拒否、睡眠障害、自傷・自殺行為などの症状がよく見られます。朝起きるとめまいがしたり、出社前になると頭痛がひどくなったりするので、会社に行けない。発達障害の強いこだわりからネット依存になり、昼夜が逆転してしまった。このような、社会生活に支障を来す症状があります。

ストレスに抵抗する方向が外側に向かった場合、周囲への暴言・暴力や犯罪行為にまで及ぶケースもあります。行為障害や反抗挑戦性障害（ＯＤＤ）（226ページ参照）と呼ばれる症状で、反抗挑戦性障害では身近な人に対し何に対しても反抗的な言動をとってしまうことがあります。

このような問題行動は見た目にわかりますから、周囲はどうにかして止めようとするでしょう。しかし、原因は「何かに対する」ストレスに耐えられないことなので、その「何か」を見つけて取り除かない限り、問題行動が止まることはありません。

老舗出版社に勤務するGさん（アスペルガー症候群、20代女性）は、タイムカードの打刻時間が気になっていました。日によって1分単位の違いがあることになじめなかったのです。「9時ちょうどになるまで打刻を待ちたい」と申し出たのですが、上司に相手にされませんでした。この一件から毎日ストレスを感じるようになり、視覚過敏の症状に悩まされるようになりました。「朝まぶしくて会社に行けないので、午後からの出社にしてください」。苦しんだGさんは会社にそう願い出ました。目も開けられないほどのつらさでしたから、切実な願いでした。

「朝まぶしくて会社に行けない」と言う人に対して、健常者が「ふざけているの？」と考えてしまうのは一般的なことでしょう。「本当はサボりたいのでは」と受け止める人もいるはずです。しかし、そうした申出があった時に、「そこまでまぶしいと感じるようになった理由は？」「思い当たることはありますか？」と聞いていれば、Gさんは、「タイムカードの打刻時間の件が、どれほど自分に悪影響を与えるか」について説明することができました。すると、共感はできないかもしれませんが、「そんなことでそこまで苦しんでしまうのか」と少しだけ理解でき、簡単な対処法も見つかるはずです。

Gさんの件でわかるのは、「健常者がわかろうとしてもわかることができないほどのストレスに対する弱さ」とは、「周囲のちょっとした態度や言葉にも弱い」ことが、「視覚過敏を引き起こすほどだ」ということです。しかし、健常者からするとそれは「あり得ない」ことなので、「もっとましな理由を言ってみろ」と、さらに追い込んでしまいます。実際、Gさんは、「ふざけるな！」と上司から怒鳴られていました。

実は、タイムカードの一件を「気にしないように」と、優しく声をかけていた同僚がいました。その気づかいすら〝干渉〟と感じ、ストレスを溜め込んだことで、Gさんの過敏症は極端になっていたのです。筆者は、会社に「タイムカードを9時ジャストに押させてあげてください」と伝え、「少し放っておいて（無視して）ください」とお願いしました。相談に訪れたGさんとの面談で、「同じ会社で同じ時間働いていることもコミュニケーションではないでしょうか？　それ以上は干渉されているようでつらいです」という言葉を聞いていたからです。

「見た目は普通の人と変わらない」に潜んでいる「ストレス」という落とし穴の正体は、見た目が変わらないだけに、考えや行動が（健常者が知っている）ストレスに基づいてしまう、いわば健常者の本能のことです。その落とし穴にはまると、メンタル疾患者が「甘えている」「障害を言い訳にしている」と感じるようになってしまいます。この感覚を持ち始めたら、「トラブル一歩手前」の危険信号です。なぜなら、こちらがそう感じた時、メンタル疾患者には違う感情が芽生えているからです。「甘えている」には「目の敵にされている」、「障害を言い訳にしている」には「障害を理解する気がない」――そんなふうに、メンタル疾患者は感じ始めています。

2

「華やかな履歴書」も“見た目”の1つ

メンタル疾患者の「職場定着」が、大きな課題となっています。

独立行政法人高齢・障害・求職者雇用支援機構「障害者の就業状況等に関する調査研究」（2017年4月公表）によると、就職してから3か月未満で離職したメンタル疾患者は30・1％、1年未満で離職したメンタル疾患者は50・7％。多くの人が休職制度を利用していることを考えると、「メンタル疾患者の半数以上が3か月未満で退職し、約70％が1年ほどで会社を辞めている」というのが実態に近いでしょう。

また、厚生労働省「平成28年度 障害者の職業紹介状況等」によると、2016年度の精神障害者の解雇件数は319件と、2014年の99件から大幅に増加し、障害者全体の解雇件数に占める割合も急増しています。

実際、メンタル疾患者の多くは退職と再就職を繰り返していますから、中途入社してくるケースが多くなります。履歴書・職務経歴書に書かれた内容から受ける印象も、〝見た目〟の1つです。一流企業の名前が並ぶ華やかな職歴の人もめずらしくありませんから、「そんな会社に勤めていた人なら大丈夫だろう」といった想像や印象が生まれ、見た目の普通さとともに周囲に浸透していきます。この時に「その人らしさ」「人となり」を作り上げてしまうことも、NGです。なぜなら、周囲から思われている印象と自身のギャップに強いストレスを感じる人は少なくないからです。

極端な言い方をすると、「メンタル疾患者＝弱者」ではありません。そして、聖人君子とも限りません。IQが高い人、知識や情報が豊富な人も多く、「口も達者」です。そんな人が、いずれトラブルを起こします。その時、多くの人は「まるで人が変わったよう」と言いますが、実のところ、それは周囲の〝期待〟や〝思い込み〟が間違っていただけなのです。

メンタル疾患者の離職率が高いことは、あらゆるデータが示しています。つまり、あなたの職場で働くメンタル疾患者が、何らかのトラブルにより職場を去る確率は高いのです。この時に「メンタル疾患者と職場と、どちらが悪かったのか」を検証することに、意味はありません。「お互いにうまくいかなかっただけ」にすぎないからです。ところが、現実には、「どちらが悪かったのか」が議論されることは少なくありません。問題は、「メンタル疾患者だけが悪かったのか？」ということです。この問いに、多くの職場が「そのとおりだ」と考えています。

しかし、うまくいかなかった理由のほとんどは、「思っていた人と違ったから」です。では、なぜ、「思っていた人と違った」になってしまったのでしょう？　それは、「その人らしさ」「人となり」をわかろうとして、勝手に人物像を作り上げていたからです。つまり、「わかろうとした努力が報われなかった」から、「メンタル疾患者だけが悪い」になってしまうのです。わかろうとした結果から、職場が得るノウハウは何ひとつありません。「こんなはずじゃなかった」を繰り返していれば、「職場のレベルが下がってしまう」ことに早く気づかなければなりません。

履歴書や職務経歴書について言えば、そこに書かれている資格や経験についても注意が必要です。「何か書かなければ採用されないから」と、虚偽を書いてしまう症状の人もいるからです。

　また、病名について本人がオープンにしていても、病名からの印象だけに頼ってしまうと、それに合わない言動があったときに対処法がなくなります。「同じ病名でも、同じ症状の人は1人もいない」ことを忘れないでください。

3

「良かれと思って」と思わない

「メンタル疾患者は、自分には理解できないほどストレスに弱い」ことを知ったあなたが実践すべきは、「良かれと思って行動しない」です。「また、ひどいことを言う」と思われるかもしれませんが、人が「良かれと思って」何かをする場合、その行動は自分の価値観や常識に基づいたものとなりますから、健常者の「良かれと思って」の行動が、メンタル疾患者にはありがたくないものであることが多いのです。

わかりやすいのは、暑さ・寒さです。メンタル疾患者の「感覚過敏」は、健常者が共感したり理解したりすることが難しい症状です。ある人は、周囲からは寒そうに見えていても、実は「暑がっている」ことがあります。これを知らずに、メンタル疾患者が寒そうにしていたので「良かれと思って暖房を強くした」ことから、深刻なトラブルに発展したケースがありました。

聴覚過敏では「音」が、視覚過敏では「明るさ」が、健常者の想像をはるかに超えた苦痛をメンタル疾患者に与えます。「誰からも話しかけられないようにしてほしい」

「蛍光灯の点灯を半分にしてほしい」など、非常識とも思えるような要望が出された時には、耐え切れないストレスから感覚過敏の症状が出ていると考えてください。

逆に、表情や仕草から「うるさい」と嫌がっているように見えても、実は快適だと思っていたり、「暗過ぎるだろう」と思いやっても、実は明る過ぎると感じていたりします。騒々しいと感じていれば「もっと静かにしてほしい」、暗過ぎれば「明るくしてほしい」と、必ず言葉で伝えてきますから、対処するのはその後で十分間に合います。

疲れているように見えたからといって、「疲れた顔をしているね」と声をかけるのもＮＧです。表情や仕草はあてになりませんし、〝干渉〟に大きなストレスを感じるメンタル疾患者は少なくありません。メンタル疾患者と目が合った時に「疲れた顔をしているな」と感じても、すぐに「いや、実は疲れていないのかも」と思い直すことができれば大丈夫です。

「喜怒哀楽」についても、見た目から受ける印象のまま接すると、間違ってしまうことが多くなります。表情や会話から健常者が「喜ばれた」と思った時に、実は迷惑だと感じている人がいるのです。たとえば、旅行のおみやげやプレゼントを渡した時にうれしそうにしていても、実は、「迷惑だが断るわけにもいかない」と考えていたり、「何か悪意があるのでは？」と疑念を抱いたりしてストレスを感じる人もいます。

筆者も、「良かれと思って」いろいろな方法があるとアドバイスしていたら、「あなたは私に何をさせたいのですか？」と責められた経験があります。筆者としては、どんなアドバイスをしても浮かない表情に見えたので、「納得いかないのだろう」と、あれこれ調べて解決法を模索していたのですが、その浮かない表情の理由は「（筆者との）会話に疲れていたから」だったと教えられたのは、少しあとになってからでした。

「馬鹿にされた」と相談に訪れるメンタル疾患者の多くは、実際には「褒められて」います。メンタル疾患者の「干渉されている」「余計なおせっかいがひどい」との訴えについて、会社に事情を聞いてみると、多くが、「悲しそうに見えた」「つらそうにしていた」、だから「良かれと思って対応した」と話してくれます。

つまり、「こうすれば喜んでくれるだろう」「こうしてもらいたいのだろう」と、〝見た目〟から思いを汲み取ろうとすることには、意味がないのです。「良かれと思って」何かしてあげるのではなく、こうしてほしいと言われてから対応すればよい——そんな接し方が適切です。なぜなら、「良かれと思って」は、メンタル疾患者の多くが苦手にしている「空気を読む」行為そのものだからです。

4 わかろうとすべきこともある

メンタル疾患者のストレスに対する弱さについては、わかったつもりにならないために「わかろうとしない」ことが重要だと言いましたが、周囲が「わかろうとしなければならない」ことがあります。それは、「希死念慮（自殺願望）」についてです。「いつもと様子が違う」「らしくない」といった違和感を見過ごさず、〝見た目〟から自殺願望の有無をわかろうとしなければなりません。

日本では、１９９８年から14年連続で自殺者数が３万人を超え、大きな社会問題になりました。２０１０年以降は7年連続で減少していますが、それでも年間２万人を超えています。このような状況を背景に、２０１７年7月25日に閣議決定された「自殺総合対策大綱」では、今後10年間で自殺死亡率を30％以上減少させることが目標に掲げられました。

また、公益財団法人日本財団「自殺意識調査２０１６」（２０１6年9月7日公表）によれば、過去1年以内に自殺未遂を経験した人は全国で約５３・５万人に上る、と推計されています。

うつ病など気分障害の人にとって、自殺願望はつきものと言えます。「風邪をひいた人の咳やくしゃみ」のように、気分障害の人には自殺願望がつきまとっています。また、発達障害の二次障害にも自殺願望がありますから、メンタル疾患と自殺願望は、切っても切れない関係です。

2015年から2017年にかけて、「過労やパワハラによる自殺が労災認定された」という報道が繰り返されました。大手広告代理店で起こった悲惨なニュースを知らない人はいないでしょう。これらの事件に共通しているのは、健常者の社員が「うつ病（抑うつ症）と診断されてから3～6か月後に自殺に及んでいる」ことです。つまり、すでにうつ病と診断された人が働いている職場なら、自殺願望への対応は避けられないテーマなのです。

職場でもっとも心配されるのは、自殺や自殺未遂が周囲に与える影響です。1人の自殺行為に対して、精神的影響を受ける人が、家族や友人など4～5人いると考えられています。職場の誰かが自殺したと聞けば、動揺し、少なからず精神的な影響を受ける人がいることは容易に想像できます。これは、防げるものなら防ぐべき事態です。

その兆候にいち早く気づくためのポイントとなるのが、「勤怠」と「身だしなみ」です。

気分障害の症状には、「不眠」「やる気が起きない」があります。発達障害の二次障害でも、睡眠障害や出社拒否が見られます。つまり、再発・重症化すると、当然、当日欠勤や無断欠勤、遅刻が増えていくことになります。その理由を話す素振りが不自然に思えた、話のつじつまが合わない――そんなことが気になった時には、兆候かもしれないと考えてください。

明らかに服装や身だしなみにかまわなくなるのも、兆候の1つです。また、仕事のミスが目立つようになったり、（睡眠薬のせいで）呂律が回っていない時があったりといったことも、ポイントです。このような様子の変化は見た目からわかることですから、見過ごさないように注意することが大切です。

このような変化に気がついた時には、「本人に聞いてみる（確かめる）」ことをお勧めします。なぜなら、自殺願望については、それ以外に知る術がないからです。このとき、「自殺を考えていないか」を、言葉にしてハッキリ聞くべきです。

たとえば、誰にも言えない深刻な悩みを抱えていて、自殺を考えている人がいるとしましょう。この人に「何か悩みがあるんじゃないか？」と声をかけても、その悩みを誰にも言えないと考えているのですから、相手は「ありません」と返答するしかありません。ここで会話が終わってしまい、むしろ、相手を一層追い込んでしまうこともあり得ます。

しかし、あなたが「もしかして死のうとしていないか？」と聞けば、「そんなふうに見えますか？」と返ってくるかもしれません。これに「そう見える」と伝えれば、会話が続きます。「今のところ、そこまでは考えていません」と答える人には、「いつかは死ぬことを考えてしまいそうなのか？」と聞いてみてください。

メンタル疾患者に自殺願望の有無を聞くことについて、「偏見や差別にならないか？」と躊躇してはいけません。メンタル疾患と自殺願望の因果関係は、もはや誰もが知っている事実だからです。「自殺」というキーワードを避けたり、タブー視したりすることのほうが、結局、誰にとっても良くない結果につながりかねません。もちろん、聞くことで自殺を１００％防げるとは言い切れませんが、大切なのは、「声をかけたあなたには、１００％責任がない」ことです。

5 「自殺願望の有無」を聞き出す手順

メンタル疾患者に自殺願望の有無を聞くのは、決して難しいことではありません。ただし、聞く理由は、「死なれたら困るから」でなくてはなりません。個人的関心や道徳・倫理感、人間的な優しさからではなく、「自殺行為に及ばれたら職場が困る」から聞くのです。これは、間違った依存関係を生まないためであり、同情や綺麗ごと、興味本位からの言動に対するストレスに弱いことがメンタル疾患の病状の1つにあるためです。

筆者は、相談に訪れたメンタル疾患者に「死なれたら困る」ので、必ず次のように聞いています。

「現在、自殺願望はありますか?」

↓（「ある」が答えなら）

「実行に移したことはありますか?」

↓（「ない」が答えなら）

「自殺願望があるのに実行に移さないのはなぜですか？」

同様に質問した時に、もし「答えなければいけませんか？」と言われたら、深刻な状態かもしれないと考えて、「答えなくてもよい」と伝えたうえで、「メンタル疾患と自殺願望の関連は広く知られている。聞いてはいけませんか？」と、もう一度だけ聞いてみてください。

筆者の場合、ほとんどの人は、「昔はあったけれど、今はない」と答えます。こうした人には、「昔、自殺願望があったのはどんな時ですか？」と必ず聞いてください。過去のパワハラ体験や過重労働など、自殺願望の引き金になったエピソードが話されるでしょう。その内容から、職場や同僚が何に注意を払えばよいのかがわかるはずです。

たとえば、「強いストレスを感じると自殺願望が強くなる」と答える人が少なくありません。この場合、「どこに（何に）ストレスを感じるか？」を聞かなければいけません。

「人に話しかけられること」が答えなら、「口頭による指示や連絡は仕事に不可欠です。どうすれば大丈夫ですか?」と聞いてみてください。すると、「言葉だけでなく、メモや書面があれば大丈夫です」と対処法が語られます。続けて、「メモや文字伝達をうっかり忘れることはあり得ます。そのときには?」と聞いてみます。必ず、「大声で怒鳴られなければ大丈夫です」などの具体的な答えが返ってきます。このタイミングで、「それでは、怒鳴られたときは必ず教えてください。それを約束してください」と伝えます。

このように繰り返しながら掘り下げて会話することが、自殺予防につながります。なぜなら、本人は何が自殺願望のスイッチかを知っていて、その対処法も心得ているからです。

「自殺願望はありますか?」から始まる会話には、配慮のヒントがたくさん詰まっています。

たとえば、「自殺願望があるのに実行に移さない人」が語る理由では、「薬でコントロールできている」が多くなります。こうした人には、当然、「薬を飲み忘れないこと」を約束させる必要があります。

ほかにも、メンタル疾患全般に見られる症状として、「ＰＴＳＤ、パニック障害、過呼吸、適応障害、依存症、軽躁状態」などがあります。本人も苦しいのですが、周囲にも少なからず影響を与えてしまう症状です。これらについても、「今まで、どんな時に、どのような症状が起きているか?」「何がきっかけになっているか?」「予兆を自覚できるか?」「その時、周囲はどうすればいいか?」と聞いていきます。ほとんどの人が明確に答えられますから、この手順で聞いていけば、未然に防ぐための対処法が誰にでも思い描けるようになります。

6

他害願望が話されたら……

「自殺願望はありますか？」と聞いた時に、「自殺願望はありませんが、他害願望はあります」と、聞かれてもいないのに話し出す人がいます。こうした人への対応には、特に注意を要します。

「他者への攻撃」は、自殺願望同様、メンタル疾患全般に見られる傾向の1つです。強い他害願望を持つ人はごく少数ですが、まったく存在しないわけではありません。まず実行に移す人はいないと考えて大丈夫なのですが、万一ということもありますので、周囲が追い込んでしまわないよう注意が必要になります。

実際に筆者が経験した事例をご紹介しましょう。

有名企業に勤めるメンタル疾患の人が相談に訪れた時に、「障害を自覚したのはいつ頃からですか？」と聞いたところ、「学生の頃に街で見かけた女性を刺して逮捕されました。その時の精神鑑定で診断されました」と穏やかに話してくれたことがありました。爽やかな好青年といった見た目とのギャップにとまどいました。「今は大丈夫ですか?」と聞いてみると、当時の記憶がなく、そのような考えが頭に浮かんだことはここ十数年で一度もないと教えてくれました。

別のケースでは、「職場の人を皆殺しにしたい」と淡々と話し始めたので、深刻な事態だと受け止めました。今にも実行しそうな雰囲気を感じたからです。「そう考えてしまう原因は?」「計画を立てているのか?」「手段まで考えているのか?」と質問しているうちに、「実は自殺願望も強いんです」と話し始めました。

筆者が思わず「どちらかにしたほうがいい」と言ったところ、この人は、「どう決めればいいでしょうか?」と真剣に聞いてきました。「殺されたりすれば同僚は迷惑だから、他人を傷つけるほうをやめなさい」と言うと、しばらく考え込んでから、「そうします」と爽やかに答えました。他害願望を誰かに話せたことで楽になったのかもしれません。自殺願望も通院でコントロールしながら、今でもトラブルなく働いています。

このような話は、慣れていない人には酷かもしれません。「怖い」と感じ、早々に話を打ち切って、「誰かに相談しなければ」と思ってしまうのは仕方がないことです。しかし、そうした態度は、「思い切って話したのに気味悪がられた」「裏切られた」という思いにつながるおそれがあります。

思いがけず「誰かを傷つけたい」願望を聞いてしまった時には、正直に、「(そんな話を聞かされたので)怖いと感じた」と相手に伝えなければいけません。この時に注意すべきは、「誰だって怖いと思う」といった一般論ではなく、「自分は怖いと感じた」と、個人の感想を伝えることです。「普通は」「誰だって」などの言葉を使うと、あいまいさが残ります。すると、コミュニケーションのズレから、「怖がらない人もいる」「実行犯が崇拝されている」など、思いもよらぬ方向に話が展開してしまうことがあります。他害願望を直接聞いたあなたが、あなたの言葉で対応するしか、対処法はありません。その後、思いとどまるよう説得することになりますが、説得する理由も、道徳や倫理からの「人としてダメ」「人の道に外れる」ではなく、「実行に移されたら困るから」でなくてはなりません。

ほとんどの人は他害願望を誰かに話すことで落ち着きますし、極端な言い方をすれば、実行に移す可能性がある人は入院していますので、職場には存在しません。ただし、他害願望がある人を職場で孤立させてしまうことは危険です。なぜなら、メンタル疾患者が孤立してしまいストレスを抱えると、「ネット依存」に陥ることがあるからです。「誰かを殺したい」とＳＮＳに書き込めば、煽る人や囃し立てる人がいますから、「妄想や願望」が補強されてしまうことがあり、とても危険です。さらに、そのような「無責任な〝期待〟に応えようとしてしまう」病状を持つ人がいることも忘れてはいけません（140ページ参照）。

自傷・他傷行為は、「死なれたら困る」「実行に移されたら困る」のですから、病気の再発や重症化を早いタイミングで知る必要があります。会社にメンタルヘルス相談室や産業医など専門的な窓口が設置されていればよいのですが、用意されていない会社であれば、「勤怠不良を見過ごさず、外見からわかる小さなサインを見落とさない」ことで対処するしかありません。そして、もっとも知るべきは、「メンタル疾患者を医者に任せるタイミングがある」ということです。これはタイミングを見極めろということではなく、「医者に任せるしかないタイミング」が訪れてしまう人もいるのだと知っておくことが重要です。

7

障害特性と責任感の関係

「コミュニケーションの障害」と「見た目からはわからない」の2つが同時に存在していることで人間関係が難しくなるメンタル疾患ですが、ここに「責任感」や「正義感」が加わることで、さらに人間関係を難しくしてしまいます。

たとえば、仕事を最後までやり遂げることができないという病状を持つADHDの人が、周囲には「最後まで責任を持ってやり遂げてください！」と言うことがあります。周囲からは無責任に見えても、責任感の強い人がいるということです。ADHDの人が「やり遂げられない」のは、「割り込んでくる新しい興味に負けない能力」が欠落しているからですから、「責任感」がないわけではないのです。

アスペルガー症候群の特性で「自分の興味あることとしかしない」人でも、正義感が強ければ、職場で問題が起きた時に「どうして誰も気づかなかったのか！」と、周囲を責めることもあるでしょう。「興味の特異性」は「想像力」の障害ですから、「正義感」とは関係ないのです。この人にしてみれば、「想像力が働かず苦しむ私のことを、皆さんが想像して接する」ことは、職場の正義です。

こうした人たちに対し、多くの健常者は、「自分のことは棚に上げて」「他人に厳しく自分に甘い人だ」と感じ、嫌な気分になることでしょう。

気分障害では、「認知のアンバランス」が健常者を苦しめます。厚生労働省『うつ病の認知療法・認知行動療法』では、「認知のアンバランス」について、次のようにまとめられています。

(1) 感情的きめつけ
証拠もないのにネガティブな結論を引き出しやすいこと「〇〇に違いない」
例：取引先から1日連絡がない→「嫌われた」と思いこむ

(2) 選択的注目（こころの色眼鏡）
良いこともたくさん起こっているのに、ささいなネガティブなことに注意が向く

(3) 過度の一般化
わずかな出来事から広範囲のことを結論づけてしまう

例：１つうまくいかないと、「自分は何一つ仕事が出来ない」と考える

(4) 拡大解釈と過小評価

自分がしてしまった失敗など、都合の悪いことは大きく、反対に良くできていることは小さく考える

(5) 自己非難（個人化）

本来自分に関係のない出来事まで自分のせいに考えたり、原因を必要以上に自分に関連づけて、自分を責める

(6) 〝０か１００か〟思考（白黒思考・完璧主義）

白黒つけないと気がすまない、非効率なまで完璧を求める

例：取引は成立したのに、期待の値段ではなかった、と自分を責める

(7) 自分で実現してしまう予言

否定的な予測をして行動を制限し、その結果失敗する。そうして、否定的な予測をますます信じ込むという悪循環

例：「誰も声をかけてくれないだろう」と引っこみ思案になって、ますます声を

かけてもらえなくなる

たとえば、自殺した人を「無責任」「逃げた」と感じてしまう健常者は少なくありません。何かにつけ「死にたい」と話す、自殺願望が強いうつ病の人を、「無責任な人」と感じてしまうのは仕方のないことです。ところが、その人が「責任感の強い人」であれば、言行不一致が生じ、周囲の健常者は、「無力感」「徒労感」「怒り」といった、何とも言えない嫌な思いを抱きます。「コミュニケーション、見た目、正義感・責任感の三者がバランス悪く共存している人もいる」ことを知らなければ、メンタル疾患者を毛嫌いし、排除するしか対処法が残りません。

59ページで、「質問にはきはきと答え、丁寧な言葉遣いで礼儀正しいが、相手がどう思うかに無頓着」な広汎性発達障害者について紹介しました。「礼儀正しいが、相手がどう思うかに無頓着」とは、言い換えると、「礼儀正しく、失礼なことをしてくる」ということになります。さらに、責任感や正義感が強ければ、他人のミスを強く責めることもあるでしょう。もちろん「相手がどう思うか気にならない」ので、「言い方がひどい」「理不尽だ」と反論しても、（丁寧な言葉遣いで）さらにひどいことを言ってきます。このような特徴を持つ人と感情的にならず上手に付き合うためには、あなたのほうが、「あなたのためを思わない」「良かれと思わない」接し方をしなければならないのです。

実は、メンタル疾患者と上手に付き合えない健常者ばかりが働いている職場は、メンタル疾患の病状を悪化させてしまう職場でもあります。当然、入社から時間が経過するにつれ病状が悪化していきますから、日に日に、周囲は対応に手こずるようになるでしょう。

しかし、この人を退職させたとしても、障害者雇用率の達成のために、またすぐ、次のメンタル疾患者が入社してきます。そして、その職場では、新しいメンタル疾患者とも上手に付き合うことができません。おそらく、「前よりもっと厄介な人が来た」となるでしょう。これを繰り返しながら、1人、また1人と、疲れ果てた人から会社を去っていきます。

対策としては、「今のところ、うちの職場はメンタル疾患者を上手に受け入れるレベルに達していない」くらいに考えておくことです。「そのうち合格点が取れればよい」「目指すは平均点ギリギリ」くらいが適切です。そもそも完璧を目指す必要がないことだけは覚えておいてください。なぜなら、あなたが接することになるメンタル疾患者は、あなたにとって、治療すべき患者でも優しく寄り添うべき社会的弱者でもない、同僚や仲間の1人にすぎないからです。

chapter 5

「ちょっと変わったヤツ」では「たいしたことがない」になってしまう

発達障害──PDDとADHD

「大人の発達障害」に注目が集まっています。インターネットで検索すると、「空気が読めない人」「アスペ」「コミュ障」といったキーワードで、多くの情報があふれています。書店にも、タイトルに「発達障害」とついたビジネス書が数多く並ぶようになりました。発達障害の当事者が書いた本も増えています。

『ぼくはアスペルガー症候群』（権田真吾著・彩図社、2014年7月刊）という本の帯には、「あなたの職場にもいませんか？「ちょっと変わったヤツ」。」と書かれていました。これはもちろん、当事者が本音で書いた本ですから、とても参考になります。しかし、職場で迎え入れることになる発達障害の人は、「どこにでもいる、ちょっと変わったヤツ」ではありません。変わっていることにかけては「バリバリの有段者」です。

「発達障害」という言葉からは、いわゆる「未発達・未成熟」をイメージした「子どもっぽい人」「少し変わった人」が連想されます。こうしたイメージは、発達障害の人を身近な存在に感じさせてくれるでしょう。しかし、そこから「たいしたことがない障害」と連想してしまえば、軽く考えてしまい、結果として二次障害にもつながりかねません。そして、そのことが職場トラブルの原因になっているケースは、決して少なくないのです。

本章では、病気ごとの専門的な解説ではなく、「職場で実践的に使える情報」という視点から、発達障害の人の独特のコミュニケーションが引き起こすトラブルの経緯や二次障害の見極めなど、実際に発達障害の人たちが会社に提出した文書から引用しながら解説していきます。

1

「発達障害者は健常者と何が違うのか」

第73回労政審障害者雇用分科会（2017年5月30日）で障害者代表委員が提出した意見書には、「発達障害者の場合は、職務の設計や支援方法等、各企業等も分かってきており、精神障害者として草刈り場になってきているが、……」といった記述があります。多くが奪い合う様子にたとえられているように、発達障害者の就職者数は増加しています。

しかし、「職務の設計や支援方法等、各企業等も分かってきており」との箇所には、違和感を覚えます。残念ながら、筆者は「職務の設計や支援方法等をわかっている」会社を1社も知りません。どのような情報から判断してのものかはわかりませんが、この意見は、実際の現場感覚からはかけ離れているように感じます。

2017年9月8日の読売新聞には、「発達障害の相談急増、過去最多7万4000件…人員不足で『対応難しい』」と題する記事が掲載されています。

発達障害を抱える人やその家族への支援を行う専門機関「発達障害者支援センター」に寄せられた相談件数が昨年度、7万4000件を超え、過去最多となったことが厚生労働省のまとめでわかった。

障害への理解や支援の不足は、本人の不登校や仕事上のトラブル、親による虐待などにつながりかねないとされるが、相談件数の増加に伴って支援の担い手不足が目立ってきており、各自治体は対策を急いでいる。厚労省によると、発達障害の人は、その疑いがある人も含めると全国に約700万人いると推定される。

筆者も、発達障害の人からの相談が急増していると感じています。そして、会社や担当者から漏れる本音にも、「対応にとても苦慮している」という声が圧倒的に多いのです。

トラブルになる原因は、「理解や支援の不足」というより、職場に「発達障害者は、健常者と、どこがどう違うのか」を知らない人が多過ぎることにあります。さらに、一度トラブルになってしまうと人間関係の修復ができず、体調を崩して退職してしまうことが多いのも、発達障害の大きな特徴です。

とはいえ、「難しい」と頭を抱えているだけでは何も解決しません。「草刈り場」とまで言われるように、これから発達障害者の就労数がますます増えることは間違いありませんから、誰もが適切な対処法を身につけておかなければならないのです。

実は発達障害は、障害の種類を明確に分類して正確な診断をすることが、とても難しい病気です。多くの障害特性が少しずつ複合している人が少なくないからです。また、診察時期や診断基準によって、病名が違ってしまうこともあります（たとえば、アスペルガー症候群は、現在では「自閉スペクトラム症」や「広汎性発達障害」といった診断名になるケースが増えています）。

精神科医でも診断が難しい発達障害について、職場の人たちはどのような情報を知って、どの程度理解すればよいのでしょうか？

ここでは、発達障害を「ＰＤＤ」(Pervasive Developmental Disorders：広汎性発

達障害。自閉症・アスペルガー症候群のほか、特定不能の広汎性発達障害を含む総称）と、「ＡＤＨＤ」（Attention Deficit Hyperactivity Disorder：注意欠陥・多動性障害）の2つに分類して解説します。

病名ごとの詳しい特徴・症状については精神科医や福祉の専門家が出版した専門書や当事者が発信する情報に委ねることにして、ここでは職場で問題になる特性だけに焦点を当てていきます。その理由は、専門家や当事者らが発信する情報は「治療」「その人らしさを活かす方法」などの当事者目線に偏りがちで、「こんなときは、周囲がこうすれば大丈夫」という情報が多くなってしまうからです。「長い期間、職場で一緒に働く人たちが、どうすれば無理なく接することができるか」という視点での情報は、ほとんど見つかりません。

また、それぞれの病状にどれだけ詳しくなっても、正反対の障害特性が複合している人にはまったく通用しません。筆者は、相談に訪れる発達障害の人に「あなたの特性は？」と必ず聞きますが、「同じタイプ」どころか、「似たような人」でさえ1人もいないのです。

■2

「カフェラテ」な人たち

発達障害について得られる情報の1つに、「ＰＤＤとＡＤＨＤの特徴は正反対」というものがあります。ところが、それぞれの特徴を知って適切な対応をすればよいのかと言えば、実際の職場では、正反対のはずの2つの病気の特徴が複雑に入り混じっている人への対処が必要になります。

ＰＤＤの人が「何かを決めたら二度と変更ができない」という特徴を持つのに対し、ＡＤＨＤの人は「決めたことをやり遂げることができない」という特徴を持っています。この2つの特徴が複合した、「何かを決めたら二度と変更ができないが、それをやり遂げることもできない」人がいるのです。

どういうことかと混乱する人もいるかと思いますので、イメージするために、まず、ＰＤＤを「コーヒー」とたとえてみます。コーヒーに詳しくなるということは、その種類（キリマンジャロ、モカ、ブルーマウンテン、……）を覚えることだったり、豆の原産地（エチオピア、西アフリカ、……）に詳しくなることだったりします。コーヒー豆の焙煎方法を知ったり、酸味や苦味の特徴から自分好みにブレンドできるようになることも、「コーヒーに詳しくなること」と言えるかもしれません。

では今度は、ＡＤＨＤを「牛乳」とたとえてみます。牛乳に詳しくなるということは、乳牛の種類（ホルスタイン、ジャージー、……）を覚え、その生育情報（牧場で放牧されて牧草を食べて育ったのか、畜舎で育てられ人工的な飼料を食べて育ったのか、……）といった情報に詳しくなるということです。搾乳の方法や加工の方法にまで詳しくなれば、スーパーに並んだ牛乳の「鉄分カルシウム増量」「低脂肪」「特濃」などについてもスラスラと説明できるでしょう。

しかし、コーヒーと牛乳を使ったカフェラテについてとなると……？

コーヒーや牛乳自体の専門知識は、それほど役に立ちません。大切なのは、コーヒーと牛乳の比率だったり、ホット／アイスの温度の違いだったりするでしょう。

実は、職場にいる発達障害の人は、この「カフェラテ」なのです。ＰＤＤとＡＤＨＤ、それぞれの特徴について知っていても、対応の上では、さほど役に立ちません。

さらに、気分障害などの精神疾患を併発している発達障害の人はめずらしくありません。今度は「カフェラテに入れる砂糖」が出てくるわけです。「カフェラテに砂糖を何杯入れるか」の場面で、砂糖の種類（グラニュー糖、上白糖、黒砂糖、……）や原料（サトウキビから作られた甘しょ糖、……）は、あまり役に立つ情報とは言えません。

「何かを決めたら二度と変更ができないが、それをやり遂げることもできない」状態にうつ病が加われば、もはや収拾がつかない状態と言ってよいでしょう。筆者は当事者から、「正確な診断まで10年かかった」というエピソードや、「セカンドオピニオンどころか、サード、あるいはその先が大切」といった訴えをよく聞きますが、その1人は、「この特性は誰にも理解されず、他者とのコミュニケーションが非常に困難になる。本人の努力や頑張りではどうにもできないところで、コミュニケーション能力が極端に乏しい障害なんです」と、苦しい胸のうちを語ってくれました。

職場で日常的に接する人が知っておくべき発達障害についての情報は、カフェラテでたとえると「濃さ」や「甘さ」です。そこに完璧な配合や濃度を求める人はあまりいないように、発達障害の特性の理解も、「なんとなく」で十分です。障害の特徴が日によって大きく変化する人はいませんから、一度感覚をつかめれば、適切な対処はそれほど難しいことではありません。なんとなく特徴をつかむことができれば、「ある程度の理解」「少しの共感」が生まれます。この感覚は、二次障害の対処にも応用が効く意識です。

3

「ICD-10」と「DSM-V」

精神科医療の分野には、「ICD－10」と「DSM－V」という代表的な診断基準があります。「ICD－10」とは世界保健機関（WHO）による『疾病及び関連保健問題の国際統計分類〔第10版〕』のことで、「DSM－V」はアメリカ精神医学会（APA）による『精神障害の診断と統計マニュアル〔第5版〕』のことです。

どちらも国際的に広く用いられている基準ですが、改訂版が出るたびに、分類が変わったり病気の呼び名が変わったりします。繰り返される改訂が、発達障害者の「自分取扱説明書」（340ページ参照）の分量が膨大なものとなってしまう原因の1つです。

筆者があるフォーラムに参加した時のエピソードを紹介しましょう。

「採用した発達障害者が100ページに及ぶ『自分取扱説明書』を提出してきた時、会社はどう扱うべきか」という問いかけに、会場から、「膨大な量を会社に提出するのは、社会人としての自覚が足りない」という意見が出されました。これはきっと、正直な感想だったのでしょう。しかし、「社会人としての自覚が足りない」という感覚はとても危険です。言い方はどうあれ「相手を責めている」のですから、発達障害者を孤立させてしまい二次障害に追い込んでしまいかねません。

「社会人としての自覚が足りない」と告げた時、発達障害者から「社会人としての自覚とは何ですか?」と聞かれたと考えてみましょう。あなたなら、これにどう答えますか? 100ページとは言わないまでも、100項目くらいを挙げて納得のいく説明ができるでしょうか?

たとえば、「法律を守る」を「社会人としての自覚」の1つとしてみましょう。すると、民法や刑法と同様に、「障害者差別解消法」「障害者虐待防止法」「発達障害者支援法」などの法律を守れなければ、社会人としての自覚が足りないということになってしまいます。社会人が守るべき「発達障害者支援法」には、次のような条文があります――「国民は、個々の発達障害の特性その他発達障害に関する理解を深めるとともに、基本理念にのっとり、発達障害者の自立及び社会参加に協力するように努めなければならない。」(第4条)。「自分取扱説明書」が膨大な量になってしまうのは、紛れもなく発達障害の特性の1つです。つまり、発達障害者の提出した書類が膨大だと困惑して、「社会人としての自覚が足りない」と言ってしまった人は、この法律を守っていなかったことになります。何ともつじつまが合わない話になってしまいます。

それでは、「自覚が足りない」と言った人は、「社会人としての自覚が足りなかった」のでしょうか。そうではありません。「もっと少なくしてほしい」「読む側のことを考えてほしい」という意味で、「社会人としての自覚」を使っているのです。つまり、「自分取扱説明書」をどう扱えばいいかという情報や正しい言葉の使い方を知らなかっただけなのです。

実は、ここに重要なヒントがあります。この説明書を「カフェラテの好み」の視点で見てみるのです。すると「読む側のことを考えてほしい」と伝えやすくなり、項目を少なくすることがそれほど大変な作業ではなくなります。いっそのこと、会社や職場が求める「社会人としての自覚」を100項目くらい書き出して、書面にして渡すことをお勧めします。発達障害の特性を知れば、それが正しい対処なのだということに気づけるでしょう。

4
PDDの「私の障害特性」

PDDと診断された人には、医学的には、①対人関係の障害、②コミュニケーションの障害、③限定した常同的な興味、行動および活動――の3つの特徴があるとされます。この特徴について、「私の障害特性」というタイトルで書かれた当事者作成の文書から内容を引用して紹介します。

PDDのほとんどの人に同じような特性があり、職場に配慮を求める文書もほとんど同じような内容になります。ここに書かれた内容を、職場対応に必要な情報に変えていくことで、適切な対処法が見つかるでしょう。

【業務に関すること】

□空気を読んで、周りの状況に応じて臨機応変に自分から動くということが難しいです。具体的な指示（○○をいつまでに、等）でないと動けません。アバウトな指示（いつでもいい、手が空いているときに、急ぎではないけど、常識的に考えて）では、どうすればいいかまったくわかりません。

□強い口調で何か言われることが苦痛です。言われた内容ではなく、言われた口調だけが頭に残ります。軽くソフトな口調なら大丈夫です。

□自己完結で終わる仕事ではなく、誰かに連絡したり相談したりする仕事や、スケジュール管理、多人数でペースを合わせてする仕事は、自分で優先順位をつけられず何をしていいかわからなくなるため非常に難しいです。

□会議やグループワークが苦手です。その場の意見を踏まえた発言や周りの状況を読むということは非常に難しいです。場を乱さないようにと考えてしまい発言ができず、肝心の内容が頭に入らなくなります。

□理解力の欠如があるので曖昧な発言を理解することが難しいです。わかりやすく説明をお願いします。

【障害特性に関すること】

□否定的な言い回しをされることが苦手です。「それは間違っている」「○○をやめたら?」と言われると、否定されたことが頭に残ってしまい、その後の対応にズレが生じてしまいます。「これが正解です」のような肯定的な指導をお願いします。

□過去に対人関係でもめ事があったので、人間関係をパターン化して記憶しています。相手がどう思うかが理解できないので、過去のパターンからマニュアル化して接しています。

□トラブルにならないよう非常に気を使いながら、自分が考える「普通の人」を演じていますが、障害の特性で思ったことを言ってしまったり、人のアドバイスを否定的に受け止め反発してしまったりします。

□こだわりが強く融通が利かなくなってしまいますが、それを否定するような言動は極力避けていただけると幸いです。

□場の空気が読めないので自分の話ばかりしてしまいます。空気の読めない発言をすることもありますが、「場の空気読んで」と言われると苦しんでしまいます。

□他人の気持ちを読み取ることが苦手で自分の思ったことを発言してしまう。発言には悪意がないことを理解して慣れてほしい。

【その他】

□字義通り、言われた言葉通りに受け取ってしまうので冗談が通じません。対応できることもありますが、自分が気にしている部分に触れられたりいじられたりすると会話をシャットアウトしてしまいます。

□親睦会などの会社のイベントや、休憩所など大勢の人がいる場所、ざわざわしている場所は感覚過敏のせいで、その場に居続けると精神不安定になり体調を崩します。

□飲み会、行事、社内イベントなど極力参加しないで済むようにしていただけると助かります。無理にでも参加すべきだろうかと葛藤して苦しみます。

□自閉特性もあるので、こちらから話しかける行為が非常に苦手です。「気軽に聞いて」「何でも聞いて」と言われても無理です。こちらから急ぎの要件があっても、相手が忙しそうにしていると、迷惑ではと思い声をかけられません。

□周囲から普通に見られているか、自分の言動が異常だと思われていないか等、周りの目がすごく気になってしまいます。普通の人を演じようと頑張ってしまうため、余計混乱して話せなくなってしまうことがあります。

□目線を合わせる、名前を呼ぶ、肩を叩いてもらうなどをして話しかけてもらえないと、近くで話されても誰に話しているのかがわかりません。声は耳に届いていますが、自分に話しかけているのではないから関係ないと思ってしまい内容は聞いていません。

□職場で会話をしないのではなく、他人の感情がまったくわからないため、過去のトラブルを思い出し会話できなくなっているだけです。職場では、迷惑にならないよう、誤解されないようにと思い会話をしていないことを理解してください。

書かれている内容は、特に難しいものではありません。専門書やインターネットでも情報として得られる、言ってみれば「ありふれた内容」だとも言えます。

ところが、多くの職場では、この情報を受け取った時に、「それで、どうしろというんですか?」と、心の声にして済ませてしまいます。その結果、時間が経つにつれ、「あの人は変わった人だから」と、職場で〝浮いた存在〟へと追いやってしまうのです。

これらの特徴が、職場でどのような問題に発展するのでしょうか。

大手商社に勤務するHさん(PDD・うつ病、20代男性)は、職場の同僚に恋愛感情を持ったことからトラブルになってしまいました。上司からは、「普通、そういう感情は職場に持ち込まない」「君は気づかないが、周囲に不快な思いをさせている」と注意されたそうですから、あからさまに言い寄ったのかもしれません。「友達ができないのは君自身に問題があるからだ」と、人格否定ではないかと感じさせるような叱責までされていました。

Hさんは精神的に不安定になり、二次障害から体調不良や勤怠不良も起こしました。仕事を満足にこなせなくなったHさんに、会社は雇用契約の打切りを告げました。ところが、Hさんは、「言っていることは理解できますが、辞める気はありません！」と宣言して、ユニオンへ相談に訪れたのです。

「退職させられたくない」と訴えるHさんの話を詳しく聞いてみると、上司の「雇ってもらえるだけありがたいと思え」と言わんばかりのエピソードがいくつか見つかりました。筆者は、改善の余地があるかもしれないと考え、「本人は長く就労したいと願っている。もう少し丁寧な話合いの場を設けて障害特性を理解してほしい」という内容の書面を送りました。

その書面が会社に届いてから数日後の、Hさんと筆者のやりとりです。

Hさん「上司に呼び出されて、『君に訴えられた！』と怒鳴られました。文面と行動が矛盾していると言われました」
筆　者「訴えられたというのは、Hさんがユニオンに訴えたということですか？」
Hさん「よくわかりませんが、会社で長く働きたいと言っていながら、ユニオンに訴えるのは矛盾していると怒っていました」

上司は、ユニオンから書面が届いたことを嫌悪したのかもしれません。ユニオンに相談したことを「訴えた」と言ったことに少し驚きましたが、そう感じる人もいますので仕方ありません。また、メンタル疾患の中には虚言症のような病状もあるので、話を額面どおりに受け取ることは避けていましたが、スマホに録音された会話を聞いてみるとHさんの話はほとんど真実でした。

とはいえ、Hさんが職場からの理解を得るには、何度も話し合う必要があります。そこで、Hさんに「『自分は長く働きたい。そのためにもう少し障害を理解してもらいたい。その思いからユニオンに相談したんです』と何度も伝える努力をしてください」とアドバイスしました。するとHさんは、「上司にひどく怒られた時に『いい加減大人になれ！』と責められて傷つきました。だからもう会社には何も言いません」と言い出したのです。

恋愛問題が発端で解雇問題にまで発展したことについて、長く働くことを目指していたはずのHさんですが、途中から、「自分は傷つけられた」に心境が変化していました。「本当にその会社で働き続けたいのか」「そもそも働ける健康状態ですか？」――そんな話合いを続けているうちに、Hさんは「退職します」と決めてしまいました。

実は、Hさんは自分の行動が職場に迷惑をかけたことを心苦しく思っていたのですが、上司の発言に「売り言葉に買い言葉」の心情になり、「会社を許せない」へと変化していたのです。日々、その怒りや悔しさで頭がいっぱいになってしまい、「絶対に辞めない」と頑なになっていました。

Hさんは、現在、違う会社に就職して元気に働いています。ひとたび納得すると、とても常識的な態度や振舞いに戻ることが多いのが、PDDの特徴の1つです。


PDDの特徴がトラブルを引き起こしてしまうのは、周囲に「非常識な人」と感じさせてしまうことに原因があります。言動が、「一般的に常識とされているルール」に沿っていないのです。「一般常識」とは、多くの人たちが共有していて「あたりまえ」と考えている価値観や知識、判断のことです。「非常識」とはその反対の意味になりますから、当然、社会生活に支障を来してしまうことが多くなります。

Hさんが職場の同僚に恋愛感情を持ったことは、誰にも責められません。しかし、その表現や伝え方には「常識や判断力」が必要になります。上司が「普通、そういう感情は職場に持ち込まない」と言った、「普通」の部分です。

このような問題行動を指導・注意する場面では、障害特性の理解が必要になります。「普通、そういう感情は職場に持ち込まない」と注意しても、まったく効果がないことは、当事者作成の文書を読めば誰にでも理解できるでしょう。たとえば、「人を好きになるのは悪いことではないが、相手は好意を持っていないので迷惑です」「会社は仕事をするための場所です」でなければいけません。「君は気づかないが、周囲に不快な思いをさせている」なら、「君の行動によって、仕事が滞っている」と言わなければいけません。仮に、Hさんが相手に迷惑をかける行為に及んでいたのであれば、就業規則や行動規範などルールに沿って懲戒処分をしていなければ、「大目に見てくれた」「本当はそれほど嫌がっていない」と受け取られてしまうこともあるのです。

自分の思ったことを発言してしまう特性は、恋愛感情を表現する場面でも発揮されます。つまり、場所や相手の都合は「おかまいなし」ということです。「強いこだわり」は、「それ以外のことにまったく関心がない」ということですから、Hさんの場合、恋愛対象（興味のある分野）について驚異的な集中力を持ち、仕事（興味のない分野）にやる気を見せることはありません。

実際、Hさんの業務ミスの多さは際立っていました。ところが、会社は業務ミスについて指導や注意をしていませんでした。これは、常識的に考えると不適切な対応です。業務ミスを不問にしていた上司が、恋愛感情や障害特性による行動については「もっと常識的な態度を」と迫っていたのですから、上司の態度こそが非常識だとHさんは感じていたのです。

5 「冗談が通じない」と業務の関係

「字義どおりに受け取ってしまう」「たとえ話や冗談が理解できない」という特性は、周囲が慣れるまでに多少時間がかかってしまう特性です。たとえば、仕事のミスに「（そこをミスするなんて）すごいね」と皮肉を言えば、「すごいと褒められた」と喜んでしまう。「書類整理を適当にやっておいてください」と頼めば、適当にやらなくてはいけないとの使命感から、いいかげんで乱雑に書類を整理してしまう。そんなイメージです。

この特性で特に注意を要するのが、業務や仕事を教える場面です。

「仕事を教える」を、野球にたとえてみましょう。

健常者に対してであれば、「まず、やらせてみる」ようなケースが多くなるでしょう。ＯＪＴ（On the Job Training）のように、実際の現場で行う業務を通して指導を行う教育訓練法などから実力や能力を見極めようと考えます。履歴書に「野球経験有り」と書かれていればなおさらでしょう。

ところがＰＤＤの人には、まず「野球のルールブック」を熟読させることから始めなくてはいけません。野球の歴史について詳しく教える必要がある人もいるでしょう。そのくらい「野球」の感覚が違うということです。

たとえば、雨の日に「野球の練習を体育館で行うよう指示する」はもっともＮＧです。なぜなら、ＰＤＤの人は「野球は体育館でやるものではありません」「ピッチャーとキャッチャーの間の距離は１８・４４メートル必要です」と言ってくるからです。指導する側は、このやりとりを繰り返すうちにイライラしてきてしまいます。

「空気が読めない」とは、「すべて説明しなければ納得しない」ということですが、反対の言い方をすると、「すべて説明すれば納得する」ということになります。微調整や臨機応変が苦手なＰＤＤの人に「とりあえず、やってみてください」でうまくいくわけはありませんが、逆に、手順や確認すべき内容がすべて説明してあれば、驚くほどミスをしないのです。

職場では、「業務についてはこのマニュアルを読んでください」で済むような、詳細で疑問の余地がない完璧なマニュアルが用意してあるとよいでしょう。それでも疑問が生じた時のために、質問の手順について、「○○さん宛てに、文書で質問する」と書かれてあれば、問題は起こりません。

また、「ここ」や「あれ」といった言葉（指示代名詞）を理解できない人が多いので、職場では「意味の広い用語」を使わず、具体的で的確な指示が求められます。たとえば、「いつもの場所に戻してください」ではなく、「○番に置いてください」と指示できる工夫があれば、職場の人たちが慣れることに難しさはありません。

報告書などの文書では、ページ数ではなく文字数を制限する必要があります。指定されていなければ延々と書き続けてしまう人がいますので、フォーマットにも工夫が必要です。ワープロを使う文書であれば、使うフォントや文字の大きさ、色も指定しておくべきでしょう。

これらは、一度決めてしまえば、何度も指示する必要がありません。ただし、日によって指示が違うようでは、まったく逆効果になってしまいます。

6 善し悪しの判断がつけられない

ＰＤＤの医学的な特徴とされる「限定した常同的な興味、行動および活動」は、周囲に「融通が利かない」「常識が通じない」と感じさせてしまう病状です。「常同的」とは、何に対しても常に同じ状態で変わらないということですが、ＰＤＤの場合、たとえるなら「やっていいことと悪いことの区別がつかない」と言ったほうがイメージしやすいかもしれません。

家電量販店に勤務していたＩさん（ＰＤＤ、30代男性）は、あるトラブルから退職することになり揉めたのですが、会社・Ｉさん・ユニオンの三者で何度も話し合い、どうにか和解することができました。ところが数か月後、Ｉさんは会社に乗り込み、和解は無効だと抗議したのです。解決した時に和解契約書も交わしていましたから、「話が違う！」と会社はユニオンに猛抗議してきました。

話を聞いてみると、Ｉさんは、和解契約書の文章が気になっていたようです。「業務で使われていたのはアラビア数字だったのに、漢数字になっていた」「送り仮名がおかしい」など、和解した事実よりもそちらで頭がいっぱいになってしまったのです。そこで筆者は会社に謝罪して、和解契約書の作り直しに応じてもらいました。

「やってはいけないことが理解できない」病状は、健常者のモノサシで測ると理解することはできません。「常同的」とは、どのようなことに対しても常に同じ状態で変わらないことですから、行動だけでなく使う言葉や言回しも常に同じなのです。周囲が、この特徴を知って「特に深い意味はない」「思惑があっての行動ではない」ことが理解できれば、そのうち気にならなくなるような特徴です。

7

ADHDの「私の障害特性」

ADHDと診断された人には、医学的に、①多動性、②注意力散漫、③衝動性――の3つの特徴があるとされています。

ADHDについても、当事者の作成した文書を見てみましょう。

□ボーっとしているように見える時は、声をかけていただくか、肩を叩くなどしていただけると助かります。
□騒音の中で聞き取りが難しく、疲労により聴覚過敏が起こることがあります。
□周りの様子や音が入らない状態になることがあります。
□耳栓やノイズキャンセリング機能付きイヤホンを使用することで、疲労を防ぐことができます。
□組織図など人の名前や役職がわかる表をいただけると助かります。
□指示系統を明確にしてください。
□指示を口頭でする場合は明確に且つ短文でお願いします。

□することが何もない状態は、精神的負荷が大きく、特にデスクワーク時はどんな些細なことでもいいので常に何かできる作業がある状態にしていただけるとすごく助かります。

□何かと並行しての作業はできません。作業の途中に話しかけられたり、電話での応答などが入ったりすると、今までしていたことが頭から飛んでしまうことがあります。

□文字や画面を見続けるような業務（会議や作業）などは集中力が持続できないために意識が飛びそうになりますので、そのような業務の割合を軽減して頂けると助かります。

□過集中があります。気がついたら休憩時間を取るよう注意をお願いします。

□複数の作業を同時に行うことが苦手です。1つずつ順序通りの指示、何を最優先にすればいいか具体的にしてください。

□気がそれやすいです。

□音や匂い、悩みごとなど、今必要ではないことを無視しづらいです。

□頑張ろうと意気込むことやプレッシャー・緊張などで脳の血流が低下することで、ミスが起こります。リラックスして取り組めば減らせます。

□聞き取る能力に障害があり、言葉だけでは伝わらないもしくは誤解して理解してしまうことがあります。さらに、ワーキングメモリが少ないので覚えられることが少なく、忘れてしまうこともあります。

こちらは、PDDと違って、文書から特徴を理解することが難しいのではないでしょうか。その理由は、ADHDの場合、特徴のほとんどに「ワーキングメモリ(Working memory)」が関わっているからです。

ワーキングメモリとは、「作業記憶、作動記憶」と呼ばれる能力のことです。いま行っている認知活動と並行しながら、次に行う認知活動に使用する情報を一時的に保持しておく短期記憶システムのことで、会話や読み書き、理性的な行動の基礎になっている重要な能力です。

ワーキングメモリは、「言語的短期記憶」「視空間的短期記憶」「中央実行系」の3つの要素から構成される、「思考と行動の制御に関わる実行機能」であると考えられています。「言語的短期記憶」は音声で表現される情報（数、単語、文章など）を保持する領域で、「視空間的短期記憶」は視空間情報（イメージ、絵、位置情報など）を保持する領域です。「中央実行系」は、注意の制御や、さまざまな情報処理を行うために割り振る認知的エネルギーの配分など、認知活動を司る領域です。専門家の研究によってさまざまな推論やモデル論が公表されていますが、大まかに説明すると、ＡＤＨＤのあらゆる特性は「ワーキングメモリの不足が問題の根源である」ということになります。

「ワーキングメモリが少ない（＝実行機能が劣る）」とは、「思考と行動の制御を行う抑制機能が壊れている」ということになります。たとえば、相手が話している途中でもさえぎって延々と自分が話し始め、並んでいる人を押しのけて割込みしてしまうということです。そして、注意されれば突然激しく怒り出し、相手を攻撃することでさらに興奮してしまうということです。

ＡＤＨＤの人は不注意や衝動性の自覚症状がありませんので、障害特性よりも具体的な対処法を伝えてくる文面になりがちです。ＰＤＤの人の文書では「難しい」「できません」が多いのに対して、ＡＤＨＤの人の文書では「こうしてもらえれば大丈夫です」が多いことが特徴的です。しかし、漫然と受け取ってはいけません。書面には、「うっかり辞表を出してしまうほど」の不注意や、「いつでも臨戦態勢で攻撃的」と言い換えたほうがイメージしやすい衝動性については、書かれていないからです。

「指示系統を明確にしてください」と言われたら、「明確になっていないとどうなりますか?」と聞かなければなりません。難しく考えず、「これまでどのようなトラブルになっていますか?」「どうすれば落ち着きますか?」と、疑問をそのまま聞いていくことで、本当に職場で問題になる特性についても適切な対処法が必ず見つかります。

8

発達障害そのものは問題にならない

実は、発達障害の特徴そのものが職場で問題になることは、まずありません。トラブルのほとんどは、二次障害によって引き起こされています。特に反抗挑戦性障害（ODD：Oppositional Defiant Disorder。160ページも参照）は、ADHDの人の衝動性（攻撃性）と区別するのが難しい症状です。

反抗挑戦性障害の診断基準を見てみましょう（『精神障害のための診断と統計のマニュアル〔第5版〕』（DSM－V））。

A．怒りっぽく／易怒的な気分、口論好き／挑発的な行動、または執念深さなどの情緒・行動上の様式が少なくとも1人以上の人物とのやりとりにおいて示される。

■怒りっぽく／易怒的な気分

(1)しばしばかんしゃくをおこす

(2)しばしば神経過敏またはいらいらさせられやすい

(3)しばしば怒り、腹を立てる

■口論好き／挑発的行動

(4)しばしば権威のある人物や、または子供や青年の場合では大人と、口論する

(5)しばしば権威のある人の要求、または規則に従うことに積極的に反抗または拒否する

(6)しばしば故意に人をいらだたせる

(7)しばしば自分の失敗、または不作法を他人のせいにする

■執念深さ

(8)過去6カ月間に少なくとも2回、意地悪で執念深かったことがある

注：正常範囲の行動を症状とみなされる行動と区別するためには、これらの行動の持続性と頻度が用いられるべきである。

B．その行動上の障害は、その人の身近な環境（例：家族、同世代集団、仕事仲間）で本人や他者の苦痛と関連しているか、または社会的、学業的、職業的、または

ほかの重要な領域における機能に否定的な影響を与えている。

■現在の重症度は

軽　度：症状は1つの状況に限局している（例：家庭、学校、仕事、友人関係）

中等度：いくつかの症状が少なくとも2つの状況でみられる

重　度：いくつかの症状が3つ以上の状況でみられる

つまり、職場の発達障害者が「怒りっぽく、挑発的に口論をしかけてきた。そして執念深い」なら、二次障害を疑うべきでしょう。言葉で応戦するのではなく、「職場でストレスを感じているのだろう」と考え、その原因を探るような意識を持てれば大丈夫です。

最後までやり遂げられない病状を持つADHDの人が、「最後まで責任持ってやり遂げてください！」と周囲に言ってしまう。「自分の興味あることしかしない」アスペルガー症候群の人が、職場で問題が起きた時に「どうして誰も気づかなかったのか！」と周囲を責める。……

この時に「ちょっと変わったヤツ」で済ませてしまう職場であれば、発達障害の人を二次障害へと追い込んでしまいます。いずれ、「ちょっと変わったヤツ」の行動だから、では済まなくなり、「何度言ったらわかるんだ！」「甘えるな！」へと変化していき、とことん追いつめてしまうでしょう。

つまり、「ちょっと変わったヤツ」という認識がトラブルの根源だとも言えるのです。職場の発達障害者を「ちょっと変わったヤツだから、気にしても仕方ない」と遠ざけてしまうのではなく、「自分にも似たようなところがあるな」くらいに受け止めることができれば、トラブルは少なくなります。

9

相手がいない状態を作ることから始める

発達障害者が「自分取扱説明書」を会社に提出するのは、「自分が職場でうまくいかない」ことをよく知っているからです。職場の無理解が何よりも怖いのです。そんな発達障害の人と一緒に働く人にとって、もっとも難しいのが「コミュニケーションの距離感」をつかむことです。

コミュニケーションが原因で揉めてしまうのは「相手がいるから」ですから、適切な距離感を見つけるためには、まず「相手がいない状態を作る」ことから始めなければいけません。

「相手がいない状態を作る」とは、「一定期間コミュニケーションしない」ことですが、コミュニケーションがない状態から、徐々に間合いを詰めていく感覚です。これは、「無視していればよい」ということではありません。PDDの人は、字義どおりに意味を受け取り、相手のことを考えず発言します。ADHDの人は、本心・本音とは正反対の言動をとることが多くあります。そんな相手に対し「相手がいない状態」

を作るためには、「言っていることを信用しない」態度で接します。実は、悪い言い方ですが「まともに取り合わない」ことから始めるしか、うまくいく方法はないのです。

そこから始めて、「なるほど」「そうだったのか」を見極めるまで、「そんなはずないでしょう?」「それでいいんですか?」と、しつこく、繰り返し聞いたり問いただしたりすることになります。そのやりとりが、適切な距離感をつかむために必要な作業になります。言ってみれば、「相手が嫌がるまで質問し続ける」だけなのですから、誰にでもできます。

結局、「普通に考えたら、そうなりますよね」というところに本音や本心があるのですが、この手順を踏んで距離感をつかんでいなければ、いつまでもそこにたどりつくことはできません。まずは、すでにご紹介したメールのやりとりの方法(138ページ参照)や、会話法(143ページ参照)を実践してみてください。きっとコツがつかめるはずです。

「ちょっと変わったヤツ」「たいしたことがない障害」という認識から生まれる間違った対応の多くは、あいまいさを理解できないPDDの人に「あいまいな指示をする」ことだったり、不注意が激しいADHDの人に「もっと注意深く」と叱ったりすることです。このような何気ない対応から、体調不良になったり問題行動を繰り返したりしてしまい、退職という最悪の結果を招いてしまうので、発達障害者は「職場の無理解」を怖れるのです。

そして、発達障害者の多くは、「職場の無理解」だけでなく、「自己嫌悪」にも苦しんでいます。会社に提出される「自分取扱説明書」には、「お願いごと」「要求事項」ばかりが書かれているように見えますが、必ず次のような一文が添えられているはずです。

□要求が多く大変心苦しいです。皆さんには本当にご迷惑をお掛けし、負担を強いることになると思います。自分のできることは雑用でもなんでもします。ご理解とご協力をお願いします。

□障害をオープンにすることにずっと悩んでいました。人間不信なところがあるので差別されることや人間扱いされなくなる、変な目で見られるという恐怖があります。

□周囲から「お前はダメだ」「足手まとい」と言われ続けたせいで自信が持てなくなりました。「過去は過去」と割り切れないのはそんな理由だと理解してください。

あなたに、「自分にも似たようなところがあるな」「本人はとても苦しんでいるんだろうな」、そう思える心のゆとりがあれば、「ある程度の理解」「少しの共感」も、きっと芽生えているでしょう。それが、「いつの間にか職場の仲間として認められるようになっていた」につながっていくのではないでしょうか。

chapter 6

2030年、うつ病が世界で患者数トップの疾病に

気分障害 ――うつ病と躁うつ病

「2030年に、うつ病が世界第1位の疾病になる」――これは、世界保健機関（WHO）が2012年11月1日に公表した予測です。WHOは、2004年に第3位だった「うつ病」の患者数が、2020年には第2位、そして2030年には第1位になると予測しています。

日本でも、精神疾患の患者数は、うつ病など気分障害を中心に増加し続けています。厚生労働省の「2008年患者調査」によれば、精神疾患の患者数（約323万人）は、糖尿病（約237万人）、がん（約152万人）の患者数を大きく上回り

ました。従来「四大疾病」とされてきた病気の患者数よりも多くなっていることから、「平成25年度医療計画」からは、精神疾患を加えて「五大疾病」と書かれるまでになっています。うつ病など気分障害の患者数を見ても、1996年の約43万人から2008年には104万人に急増しており、「2014年度患者調査」では約112万人と、患者数の増加は深刻な社会問題となっています。

職場では、健常者である従業員がうつ病等に罹患してしまい、長期休職する問題も深刻化しています。その人たちへの対応は、気分障害の人を取り巻く就労問題に通じるものが多いのです。つまり、気分障害の人への適切な対処法は、職場の健常者がうつ病になった時の対処法にも共通します。もはや、社員をうつ病にさせない職場を作ることは難しく、「悪化させないこと」、つまり、自殺へと追い込まない対策を講じることのほうが大切です。気分障害の人と上手に付き合えるようになった職場であれば、健常者従業員が「うつ病になって自殺してしまうこと」を防げる職場になっているでしょう。

1

過労死等の労災補償状況

厚生労働省「平成28年度 過労死等の労災補償状況」では、精神障害に関する事案の労災補償状況が公表されています。

精神障害労災請求件数：1，586件　労災認定（給付決定）：498件
自殺に関する請求件数：198件　労災認定（給付決定）：84件

給付決定となっている件数は、職務が原因で精神疾患を発症（自殺）したことが認められた件数です。

ここ数年、過労やパワハラによって「うつ病」を発症し、自殺に及んだという事件報道が繰り返されています。これらの事件に共通しているのは、「長時間労働による過労・パワハラ被害→うつ病を発症→自殺」という順序（連鎖）です。

◆新任教師自殺「公務が原因」の判決　苦情対応でうつ病に

東京都西東京市の市立小学校で2006年、新任の女性教諭（当時25）が自殺したことをめぐり、両親が地方公務員災害補償基金に対し、公務災害と認めなかった処分の取り消しを求めた訴訟の控訴審判決で、東京高裁（後藤博裁判長）は23日、一審に続いて「自殺は公務が原因」と認め、処分を取り消した。判決によると、女性は同年4月に着任。2年生の学級担任になったが、保護者からのクレームなどへの対応が相次ぎ、7月にうつ病と診断された。10月に自殺を図り、約2カ月後に死亡した。

（朝日新聞・2017年2月24日）

◆上司からエアガン・つば…佐川急便22歳自殺、労災認定

佐川急便で上司からエアガンで足元を撃たれたり、つばを吐きかけられたりするパワハラを受けて自殺した男性（当時22）の遺族が、労働災害と認定されなかったことを不服として国を訴えた訴訟で、仙台地裁は27日、労災と認め、遺族補償金などの支給を認める判決を言い渡した。男性は2010年3月、佐川急便に入社。11年12月にうつ病の診断を受けた。4日後には自宅で制服姿で首をつって自殺。

（朝日新聞・2016年10月27日）

◆自殺のパン営業所長、労災認定

パンの販売店を全国展開する「ヴィ・ド・フランス」の東北営業所（仙台市）で所長を務め、2015年3月に自殺した男性（当時54）について、仙台労働基準監督署が今年2月、過労によるうつ病が原因として労災認定をしていたことが21日、分かった。労基署はうつ病を15年2月に発症したと認定。その前1カ月の残業は152時間に上った。

（北海道新聞・2016年10月21日）

ほかにも、「自殺直前の時間外労働は、過労死ラインを超える170時間に上っていた。男性は勤務していた2013年9月、うつ病と診断され2014年1月に自殺した」（産経新聞・2017年10月16日）「訴状によると、2013年1月、心身の不調を訴えて休職。うつ病と診断された。2カ月後に退職しても改善せず自ら命を絶った」（朝日新聞・2017年8月29日）など、もはや「うつ病と自殺の因果関係」についてはは異論を挟む余地がありません。

また、2017年2月23日、世界保健機関（WHO）は、「全世界でうつ病に苦しむ人が2015年に推計3億2,200万人に上った」と発表しました。これは世界人口のおよそ4％に該当する数字で、2005年から約18％も増加しています。さらに、同機構は、「2015年の世界の自殺者は推計で78万8,000人。そのうち、うつ病を死因とするのはおよそ1・5％で、15歳から29歳の若年層の2番目の死因となっている」とも公表しています。

職場では、うつ病による自殺を社会問題としてとらえるのではなく、「少なくともうちの職場からは出さないように防ごう」という意識を持つことが必要です。

自殺を未然に防ぐためのカギは、いくつもの事件に共通している「（健常者従業員が）うつ病・抑うつ症と診断されてから約3～6か月後に命を絶っている」という事実にあります。つまり、気分障害が再発・重症化した場合、そこから「3～6か月」が非常に危険な期間だと知って対応しなければならないということです。

2

「きちんと眠れていますか？」

実は、自殺や自殺未遂という残念な事件が起きてしまった職場には、「明らかにおかしい」「ヤバいんじゃないか」と感じていた人がいたケースも少なくありません。「目がイッていた」「何かブツブツ言っていた」「涙をポロポロ流していた」――そんな状況を目の当たりにしながら、「何という言葉をかければよいのか」「そもそも声をかけてよいものなのか」がわからずに対処できずにいたところ、自殺や自殺未遂が起こってしまったのです。

現実的な対処法としては、まず、うつ病の人に慣れてしまうことです。つまり、うつ病のサインを見逃さないよう、「これが危険サインだと覚えてしまう」ような感覚です。そのサインとは、「勤怠不良」や「顔色」といった、周囲が簡単に気づけることばかりです。

「勤怠不良がサイン」とはいっても、タイムカードの問題ではありません。「遅刻しても悪びれていない」「誰にも告げず早退してしまった」といった、非常識に思えるほど明らかな様子の変化がサインとなります。また、何もやる気が起きないことが症状の人の場合、身だしなみを整えたり入浴したりしなくなりますので、当然、「髪の毛がボサボサ」「服装が乱れてきた」「体臭がする」といった外見の変化を伴います。拒食や過食の症状では、「急激に痩せた（太った）」といったことがサインです。「明らかに仕事のミスが目立つようになった」も見過ごしてはいけません。

大切なのは、このような「非常識な行動」「見た目からわかる変化」そのものに注意するのではなく、「こんなことをする人ではない」といった印象を受けた時が「声をかけるタイミング」だということです。

その第一声は、「きちんと眠れていますか?」がよいでしょう。その時に、「きちんと眠れています」と答える人は、まずいません。なぜなら、ほとんどの気分障害の人が最初に自覚する症状は「不眠」だからです。うつ病はすべてのメンタル疾患の入り口であり、うつ病の人のほとんどが不眠に悩んでいます。そして、不眠が続いている人の多くがうつ病を発症しています。

厚生労働省「平成27年 国民健康・栄養調査結果」によると、睡眠時間の不足している人は増加していて「平均睡眠時間5時間未満の人が8・4％」に上り、この10年間では最も多くなっています。睡眠不足になる理由として「仕事」を挙げた人が多いことも、調査結果から明らかになっています。

睡眠障害には、「なかなか寝つけない（入眠障害）」「夜中に目が覚めてしまい、再び眠ることができなくなる（早朝覚醒）」といった症状があります。「不眠症」では、夜、眠ろうとしても寝つけなかったり、何度も目が覚めたり、睡眠が浅かったりしてきちんと眠れない状態が続いてしまいます。慢性的に睡眠不足の状態でいると、日中は疲労感に悩まされ、仕事への集中力が低下してミスばかりといった状態になります。

「きちんと眠れていますか？」と聞くのは、このような情報を引き出すためです。つまり、「寝つきが悪くて困っている」「夜中に目が覚めて困っている」「睡眠が浅く疲労感が残って困っている」といった状況を聞き出し、「週のうち何日がその状態なのか」を聞かなければなりません。「ほぼ毎日」という答えなら、業務命令として病院に行くよう指示しなければ危険です。

また、「どうして眠れなくなったのか」の確認も重要で、思い当たる理由を本人から聞き出す必要があります。精神的なストレスが解決されないままなら、眠ろうとしても頭が冴えて寝つけない状態は続きます。「今日もまた眠れなかったらどうしよう」が一番の心配事だという場合には、特に注意が必要です。眠れなかったらという心配で眠れなくなる、眠れないからまたそれが心配になる――という悪循環に陥ってしまうからです。

このときに、本人が「何とかしなければ」と思い悩み、処方された睡眠薬を多めに飲んでしまえば、呂律が回らなくなったり、日中ボーっとして致命的なミスを犯してしまったりと、職場トラブルにつながります。

うつ病など気分障害は、再発したり重症化していたりすれば、職場で対処するのではなく、医療的な治療が優先されるべき重篤な病気です。発達障害者の多くが自分の症状を周囲に伝えるのに対し、気分障害の人は自分から情報を発信することがまずありません。それどころか、正常な判断ができなくなっている深刻な状態の人もいます。そのため、気分障害の人には周囲の注意が必要になるのです。職場では、メンタル疾患社員としてではなく、「治療が必要な患者」として扱わなければならないケースが少なくないことを覚えておいてください。

気分障害は、「誰でも罹患する可能性がある病気」ですが、「罹患したことを自覚しづらい病気」でもあります。もちろん、ストレスなど原因はどこかにあるのですが、気づかないうちに正常な判断ができなくなってしまう難しい病気です。それが気分障害の本質なのです。

3

「どうしてうつ病になったのですか?」

「きちんと眠れていますか?」と聞いて問題がありそうだと感じたら、「うつ病が再発しているのではありませんか?」とはっきり言葉にして確認しなければなりません。なぜなら、極端な言い方をすれば、うつ病は「働くことができない病気」だからです。再発したのであれば「休ませなければならない」し、休ませなければ「重症化してしまう」と考えてください。

うつ病は、寛解(かんかい:症状が一時的に軽減した状態・収まった状態)と再発を繰り返す病気です。自分に合った治療法や投薬によって就労可能な程度にまで回復すれば働くこともできますが、「何かあれば」いつでも再発する、深刻な病気です。この「何か」を聞くために、その前提として、「どうしてうつ病になったのか」を聞いておかなければなりません。

一般に、発達障害が先天的な障害であるのに対して、気分障害は後天的な疾病と考えられています。言い方を換えると「誰が罹患してもおかしくない」のですから、つまり「誰もが共感・理解しやすい病気」でもあるのです。これは、「本人から聞き出しやすい」ということにほかなりません。面接や入社時など、聞きやすいタイミングを逃さずに、「過去、何が原因でうつ病になったのか」「発病を自覚できていたか」「再発を防ぐ方法を知っているか」を聞いておくことが重要です。そして、「再発防止の方法を知っている」と言う人でも、うつ病の再発を自覚することはできず、周囲が「再発を疑って、問いかける」ことでしか気づくことはできませんので、その根拠となる情報を聞き出すための質問に、遠慮や躊躇は不要です。

ただし、「過去にうつ病罹患によって不本意に失職した人」「自殺行為（未遂）に及んで措置入院した人」など、正直に話すと嫌悪され退職することになるかもしれないと考えて、答えたがらない人も少なくありません。それでも「答えさせなければならない」のですが、このとき重要になるのが会社が発信するメッセージや姿勢です。

症状が悪化した場合の休職制度や、復職へのルールを明確にし、当然、「退職になるケース」についても明らかにしていなければいけません。会社が従業員に対する毅然とした態度を貫くことで、メンタル疾患患者も社会人としての自覚を持ち、病気や障害と闘いながら就労する覚悟を持てるのです。

「病気だから」「本人が苦しむかも」と、一見気をつかっているような態度は、ほとんどの場合、逆効果になります。根拠のない「仕事のことは心配いらない」「まずは回復を考えなければ」という言葉は、気分障害の人には、認知のアンバランス（187ページ参照）によって「丸め込もうとしている」「遠回しに退職を迫っている」という意味の言葉として伝わってしまいます。

4

誤診と副作用

これまで筆者は数多くのメンタル疾患者から相談を受けてきましたが、ここ数年、「誤診ではないか?」と考えてしまうようなケースが増えてきたように感じます。たとえば、精神疾患の診断書で障害者手帳を所持している人に「発達障害を疑われたことはありませんか?」と聞いてみると、「前の医師からは『発達障害かもしれない』と言われました」といった答えが返ってくることが少なくないのです。

とはいえ、仮に誤診だったとしても、職場が気にする必要はまったくありません。むしろ、「医師でも誤診する可能性があるほど難しい病気なのだから、理解することは諦めよう」と割り切りましょう。

なかには、年金受給のために障害等級を上げようと、詐病に近い申告をする人もいます。そうなれば、どんな名医でも誤診は避けられません。つまり、発達障害の場合と同様、病名に詳しくなって対処法を考えることにはたいした意味はないのです。

また、「薬の副作用」についての相談もよくあります。これも、職場では対応することができない問題です。「(うつ病の人が) 幻覚・幻聴に悩まされている」「(職場環境の変化がないのに) 暴力的になった」「日中、職場で夢遊病患者のように過ごしている」など、あくまでも筆者のこれまでの経験からですが「この病名の人が起こすトラブルとは本質が違う」と感じるケースも少なくありません。

「薬の副作用」がトラブルの原因なのであれば、職場がメンタル疾患者に対するさまざまな配慮を提供しても、解決は望めないでしょう。現実的には、対応を模索していく中で、あくまでも「薬の副作用を疑う」程度にとどめ、判断は産業医など専門家に委ねるしかありません。

実際、うつ病など気分障害の治療では「薬の多剤大量処方」が社会問題になっています。気分障害治療のため精神科医や心療内科を受診している患者が、処方された向精神薬 (抗うつ薬、抗不安薬、睡眠薬) を、指示された量よりも過量に摂取してしまう実態が問題視されているのです (この問題については、厚生労働省「自殺・うつ病等対策プロジェクトチーム」が「過量服薬への取組―薬物治療のみに頼らない診療体制の構築に向けて―」という提言書を公表しています (2010年))。

「薬の多剤大量処方」は、患者と医師のコミュニケーションに原因があると考えられています。患者は「症状が改善しないので薬の量や種類を多くしてほしい」「長期間の投与によって依存的な状況になっている」など、薬物依存への認識不足から医師に処方を求めてしまいます。医師にも、「患者の症状に合わせて投薬をした結果、投薬量が増えた」「薬の処方を強く望む患者に対して説得が困難」など、多種類の薬剤を処方せざるを得ない状況があります。

医師が「患者の症状に合わせて投薬をする」ためには、病状の重症度を判定しなければなりませんが、現状では面談で患者が訴える内容に基づいて判断するしかありません。つまり、患者の話す内容で薬の量が決まるのです。苦しんでいるエピソードを大げさに話せば大量の薬が処方される可能性があるのですから、「障害等級を上げようと詐病に近い申告をする人」と構造は同じです。

この問題に職場で対応することは不可能です。「処方ルールを守ること」を義務づけていなければ、普段と様子が違うと感じた時に「薬を決められたとおりに飲んでいますか？」と聞くくらいしか対処法がありません。

5

メンタルヘルスに対する意識を持ってもらう

気分障害は、周囲が変化に気づいて的確なアドバイスをしたとしても、重症化を防ぎ切れない病気です。たとえば、「どうしてうつ病になったのか」の答えが「恋人の死を受け入れられなかった」「糖尿病の悪化が引き金になった」などであれば、それ以上関わるとプライバシーの侵害にもなりかねません。

日頃から「自らの健康への意識」がなければ、周囲で対処できることには限界がありますので、職場では、「自身のメンタルヘルスに対する意識」を持つことを義務づけることが実践的な対処法になります。メンタル疾患者に「自分の身は自分で守る意識」を持ってもらわなければ、事故を防ぎ切れないということです。

たとえば、福岡県職員の過労自殺をめぐる裁判では、「本人のメンタルヘルスに関する認識の低さ」が「本人の過失」とされ、賠償額が大幅に減額されています。このような事例を引合いに出して、メンタル疾患者に健康への意識を求めていくことが適切な対策になります。

◆「公務で課長自殺」逆転認定　うつ病発症、時間外勤務114時間

福岡県糸島市役所の男性課長（当時52）がうつ病を発症して自殺したのは過重な公務が原因として、遺族が市に約7,760万円の損害賠償を求めた訴訟の控訴審判決が10日、福岡高裁であった。金村敏彦裁判長は請求を棄却した一審判決を変更、「過重な業務で疲労が過度に蓄積していた」と市の責任を認め、約1,650万円の支払いを命じた。

判決によると、男性は、農漁業施設工事費の一部を新たに地元負担させる条例案の住民説明などを担当。うつ病を発症し、2010年6月に自殺した。自殺前1カ月間の時間外勤務は約114時間で、13年に労災に当たる公務災害と認定された。

一方、男性は管理職として部下に業務を割り振るなど、仕事量を調整できる立場にあったと指摘。市側は精神科医などによるメンタルヘルスの相談体制を整えていたが、一度も相談しておらず、「本人の姿勢やメンタルヘルスに関する認識の低さが自殺に深く寄与している」として過失相殺し、賠償額を8割減額した。

（西日本新聞・2016年11月11日）

この判決では、「仕事量を調整できる立場にあった」のに働き過ぎていたことや、「精神科医などによるメンタルヘルスの相談体制を整えていた」のに相談に行っていなかったことが、本人の過失と認定されました。つまり、「本人のメンタルヘルスに関する認識の低さ」も自殺の原因の1つであったと判断して、会社の過失割合を大幅に減らしたのです。

この判決を根拠に、「日頃から自分の心身状態をチェックすること」「精神的ストレスを感じたらすぐに相談すること」を、メンタル疾患者に求めることも対策の1つです。認識の低さが本人の過失になる可能性があるのですから、強く求めることも可能と言えるでしょう。もちろん社内に相談窓口が設置されていなければなりませんが、社外の産業医への連絡先を伝えておくなど、「自身の不調にいち早く気づくための心構え」を持たせることが大切です。

社内にメンタルヘルスの相談窓口が設置されている会社であれば、定期的に産業医やカウンセラーの相談を受けさせることも効果的です。相談相手がいることで、「不眠や寝不足は、心と身体に変調を来しているサインととらえて、甘く見ない」といった自覚を促すことができます。うつ病の再発を防ぐ自己管理を義務づけたり、体調不良を申告しやすい制度を用意したりする対策が職場のルール（chapter**8**で解説）としてあれば、より高い効果が期待できます。

6

職場トラブルにつながる「うつ病」の症状

うつ病は、大きく分類すると「メランコリー親和型うつ病」と「ディスチミア親和型うつ病」の2種類に分かれます。この2つを大まかに説明すると、「生真面目型」と「不真面目型」といったところでしょう。具体的には……

残念ながら、このような知識が、職場で役に立つことはありません。

発達障害者の多くはうつ病を併発しています。「うつ病」から「躁うつ病」へと診断名が変わる人も少なくありませんし、統合失調症の人のほとんどが最初の診察で「抑うつ症」と診断されています。病気そのものの知識がかえって邪魔になるほど、病状は複雑に組み合わさっています。

それでは、職場で必要な情報とはどのようなものなのでしょう。

筆者が実際に関わった事例では、うつ病の人は必ずと言ってよいほど会社や職場、上司や同僚らに苦情や要求を伝えています。ところが、その内容が「子どもじみている」場合が多いので、誰もまともに取り合わないのです。「些細なことを自分で調べもせず人に聞く」「次から次へと、あら探しをしている」――周囲がそう感じてしまう言動が、うつ病の人には繰り返されます。これを「面倒くさい」と感じて、対応するのが嫌になってしまうという人も多いでしょう。

しかし、職場の誰かが「面倒くさい」と感じた時には、再発や重症化の入り口にあるのだと考えてください。うつ病の「正常な判断ができなくなってしまう」症状とは、「いい加減にしろ!」と怒鳴りたくなるほど「どうでもいいことを、しつこく言ってくる」状態のことです。この症状が、職場でトラブルを招きます。たとえは悪いかもしれませんが、異常なほど「ウジウジしている」人を相手にしなければならないのですから、接する側としては「イラッとする自分との闘い」になってしまうのです。

ベンチャー系IT企業に勤務するJさん(うつ病・PDD、20代男性)は、入社して間もない頃から、早退や無断欠勤などを繰り返していました。仕事のミスを注意されれば「パワハラではないか」と仕事を休んで労働基準監督署に相談に行き、無断欠勤をしては「有休の計画付与」についてハローワークへ相談に行く……。

実はJさんは、うつ病が再発していて働ける健康状態ではなくなっていたのですが、退職を希望していながらどう伝えればよいかわからず、そのような問題行為を繰り返していたのです。

Jさんの問題行動の原因は、会社が厳しく対処しなかったことにありました。Jさんの会社では、すべての対応を職場の同僚らに任せていたのですが、「Jさんの言うことすべてに応じる」ことが障害への配慮と誤解し、注意や指導をすることが障害者虐待になるのではないかと萎縮していたのです。その結果、周囲は「無理しないで」「つらかったら休んでいいよ」などと、まるで子どもに話しかけるような態度で接していました。

子どもじみた言動・行動から誤解してしまいがちですが、うつ病の人は、知能に問題があるわけではありません。子ども扱いしてしまえば必ず病状が悪化し、「正常な判断を難しくしてしまう」ことを覚えておいてください。Jさんに対して、どこかの場面でルールに沿った厳しい対応がされていれば、体調不良による休職・退職などについて冷静に話し合うことができたはずです。

ほかにも、うつ病の症状には、現実から逃げる傾向や自己への愛着、自身が万能であるとの思い込みや他者への非難といったものもあります。この症状は、実際には、聞いている側が嫌悪するほど「死んでやる！」を繰り返したり、自分のミスを棚に上げて他人のミスを執拗に責めたりするような状態を伴います。

実はこの状態は、「放っておいてほしい」というサインである場合が少なくありません。数週間、職場が放っておく（相手にしない）ことで、反省し謝罪の言葉を述べ、その後「何もなかったように」改善する人が多いことも特徴の1つです。

実際に、「職場からの過干渉」を相談に来る人の多くが、「逃げても解決しない」「そんな事を言っていると嫌われる」と心配する周囲を、「おせっかい」「干渉し過ぎ」と受け止めています。そして、「本当はそうじゃない」「嫌われたくない」と、心の中で苦しんでいます。職場に「あまり干渉しないよう注意してあげてください」と筆者が助言したことで、かろうじて働ける状態を保てている人がいるほど、「おせっかいが過ぎる」には注意が必要です。うつ病の人が働く職場の最大のリスクは「自殺行為に及んでしまう」ことですから、そのサイン以外についてはあまり気にする必要はありません。つまり、「あまり気にし過ぎないほうがよい」ことも多いのです。

また、158ページで紹介した「駅のホームから飛び降りてしまった」ケースは、責任感が強く生真面目な人が自分自身を追い込んでしまうタイプのうつ病です。このタイプでは、本当の自分と現在の自分が一致せず、いつも周囲に申し訳ないと感じている人が多いのが特徴です。周囲を気づかい、誰にも気づかれないよう振る舞うことで、さらに症状が悪化していきます。

この場合、本人の「もう大丈夫です」という言葉をどう扱うかが重要になります。見た目等から「どう見ても大丈夫じゃない」と判断した時に、会社の権限で診断書を出させるくらいの毅然とした態度がなければ、事故は防げません。

「認知のアンバランス」（187ページ参照）は、健常者の常識や理解を超えた思考や行動につながります。明らかに様子がおかしいのであれば、自覚症状や正常な判断を期待することはできません。「診断書の提出がなければ、就業規則に基づいて懲戒の対象になる」と事務的に伝えるくらいが適切な対処です。

「まあ、本人が大丈夫と言っているんだから」で済ませてしまい、自殺など取り返しのつかない事件が起これば、周囲への精神的影響は回復不可能なほど甚大になります。「自分のせいで自殺したのかもしれない」と思いつめたり、「あの時、強く言い過ぎたかもしれない」と反省したりする人が出てしまえば、すでにうつ病の連鎖が職場で始まっています。

7 職場トラブルにつながる「躁うつ病」の症状

躁うつ病は、現在では「双極性障害」と呼ばれる気分障害の1つであり、患者の3分の2はうつ病から進行しているとも言われます。統合失調症、不安障害、PTSD、パニック障害などと同じように、ほとんどの患者は、薬のコントロールで問題なく日常生活を送れる程度に回復しますが、「自己判断による治療放棄」や「薬の飲み忘れ」により問題行動が引き起こされることもあります。

職場で問題になる病状としては、「躁状態」での言動が挙げられます。

- □眠らなくても元気なまま過ごせるために、深夜から早朝にかけて尋常ではない長文のメールを送ってしまう。
- □多弁症の傾向が強く1日中しゃべりまくったり、手当たり次第にいろいろな人に電話をかけまくったりしてしまう。
- □「自分は何でもできるんだ」と気が大きくなり、次から次へアイデアが浮かんでくる。
□1つのことに集中できず、落ち着きがなくなる。
□無計画にお金を使いまくる、性的逸脱行動に出るなど、浪費や性的快楽に熱中してしまう。

さらにエスカレートすると、「自己を損なう行為（アルコール、セックス、買い物、万引きなどの軽犯罪）への依存」を伴うことが多く、問題行動がプライベートに及ぶことが少なくありません。このような状態になってしまえば、職場での対応を諦め、医療機関に委ねることが最善なのですが、その手順や根拠を用意していない会社が驚くほど多いのが実情です。

周囲が「手に負えない」と感じるほどのひどい問題行動を起こしてしまう人に対しては、再発や病状悪化の可能性も考えなければなりません。頭の中で「職場の連中はバカばかり。会社に行くのが苦痛だ」と思っている程度ならまだよいですが、それを言葉にして、周囲を攻撃するようになれば、間違いなく再発・重症化しています。

躁状態の時の様子の変化は、「人が変わった」ように見えるほどの変化であり、言葉づかいだけでなく表情や態度まで豹変してしまう人が多いのです。このような激しい躁状態が原因になっている問題行動は、職場の同僚らに精神的な負担をかけますし、それどころか、メンタル疾患者を忌み嫌って徹底的に職場から排除してしまうことにもつながります。「もう許せない！」「我慢の限界だ！」と感じた同僚の1人が、「退職を覚悟して暴力行為に及ぶ」などというのは、ごくありふれたトラブルです。

8

対応マニュアルを作成する

気分障害の発病のきっかけの多くは、パワハラや長時間労働など、過去に勤務していた職場での出来事です。気分障害の既往歴がある人を新たに採用した場合に、履歴書や職務経歴書から判断して前職と同じ内容・レベルの業務を任せることは、「再発を招きかねない」危険な行為と言ってよいでしょう。この程度の知識は、受け入れる職場に最低限必要な情報です。

とはいえ、「他の障害との複合」「発達障害の二次障害との区別」「治療放棄」「薬の飲み忘れ」など、到底職場対応が困難なケースも頻発します。言ってみれば、「素人が対処すべきではない」事態が少なくないのです。

そこで、メンタル疾患の従業員を雇用する会社は、その準備として、「再発や病状悪化への対応マニュアル」を用意しておくことが必要となります。もっとも避けなければならないことは、「同僚や直属上司がそのまま対応に当たる」ことです。これが、「トラブルの過程で、当事者であるメンタル疾患者の5倍もの従業員が精神的ダメージを受けてしまう」（3ページ参照）原因となります。

マニュアルでは、職場の誰かが状況判断や問題解決を担うのではなく、専門的な部署（外部機関）へ担当を移す手順を明らかにしておくべきでしょう。また、問題行動についても、職場からのクレームや同僚からの申告が「何件」寄せられた時に、「誰が状況判断するのか」など、職場対応を諦めるタイミングが明確に想定されていなければ、効果はありません。

そして、そのマニュアルの存在をメンタル疾患者に開示することを、決して忘れてはいけません。会社は、メンタル疾患者に「自身のメンタルヘルスに対する意識」を求め、問題行動には「マニュアル通りの対応をする」ことを宣言する。この毅然とした態度がメンタル疾患者に安心感を与え、再発防止の自己管理を徹底させることにつながるのです。しかし、「うつ病から自殺」「健常者社員のうつ病による休職」がこれほどの社会問題になっている現在でも、誰もが名前を知っているような有名企業に「A4用紙1枚のマニュアル」すら存在していないのが現実です。

chapter 7

社内のルールがトラブルを招いている？

現行ルールのままで対応できるのかを考える

誰もがメンタル疾患の人たちと上手に付き合えるようになっても、職場では、ルールが機能していなければうまくいきません。〝間違った配慮〟や〝思い違い〟によって、メンタル疾患を悪化させてしまう職場は確実に存在しています。

経営幹部とメンタル疾患社員の板挟みになって、「現場を理解してくれない」ともがき苦しむ人事担当者を、筆者は何人も見てきました。会社が掲げる理念と現場の苦労が一致していなければ、誰だって「やってられない！」となってしまうでしょう。

法律や社会情勢が変化しているのですから、これまでのように個人的に（担当者任せで）対応していくことは、「もはや限界だ」と考えるべきでしょう。メンタル疾患者を受け入れた職場は、組織的に対応していかなければならないのです。野球の試合でたとえるなら、エースの完全試合や4番打者の豪快なホームランを期待するのではなく、エラーのない守備、送りバントやスクイズを駆使して1点を確実に取るようなイメージです。こうした対応へとシフトチェンジするためには、「現行の社内ルールで対応できるのか？」と疑問を持つことから始めなくてはなりません。

1

“団体交渉百戦無敗”の経験から

筆者はこれまで100社以上の会社と団体交渉をしてきましたが、一度も「負けた」と感じた経験がありません。会社側が勝負をしてこない、と言ったほうが正確かもしれません。多少なりとも無理難題を要求しているのに、反論もなく通ったりしてしまいます。

「団体交渉」とは、普通の人にはあまりなじみがない言葉、人事労務に携わる人には耳障りな言葉かもしれません。大まかに説明すると、労働者と会社が対立した時に、解決に向けて話合いが行われる場のことです。しかし、これまでに行った団体交渉では、労働問題を話し合うのではなく会社の「どうすればよいのでしょうか?」に筆者がアドバイスをする場になることも多くありました。「こんなはずじゃなかった!」と泣き崩れる担当者、「やっとまともな話合いができる」とホッとする担当者、お忍びで筆者の事務所を訪ねて来る有名企業の人事担当役員や企業側弁護士、「これを言っても大丈夫ですかね?」と電話してくる担当者……そんな人たちは結構います。

これまで「手に負えない事案」が、人事労務担当者を悩ませ、助言を求められた社会保険労務士や弁護士を迷わせてきたことでしょう。もちろん、職場で日常的にメンタル疾患者と接する人たちが上手に付き合ってくれていれば、問題は起こりません。しかし、何か問題が起きてしまえば、やはり担当者に持ち込まれることに変わりはないのです。

たとえば、「就業規則を見せてもらえない」は、筆者がメンタル疾患者から受ける相談の中では比較的多い内容です。トラブルの始まりは、日頃から就業規則を気にしていない同僚から発せられる「何が気になるんだ！」「お前には関係ないだろう！」の一言です。これに納得できないメンタル疾患者は、「自分に就業規則を見せられない理由」を探し始めます。もちろん、それが見つかることはありません。やがて本人が労働基準監督署へ駆け込んだ頃、ようやく人事労務担当者に情報が持ち込まれます。一連の経緯を知って「ため息をつく」ならまだましです。問題があちこちに飛び火していて、すでに手に負えない状態になっていることも少なくないのです。

話が少し逸れますが、筆者は、団体交渉がどのように決着するか、会社側の初期対応でほとんど想像することができます。障害者から相談を受けてユニオンから書面を送るのですが、その書面が届いた後の会社の対応には、それぞれ特徴があるのです。

「何ごとか！」とすぐに電話してくる会社は、とても誠実です。職場や担当者の（努力・気づかいの）ピントがずれていたり的外れだったりしている、言ってみれば「対応が下手だっただけの会社」が多いのです。このようなケースでは、修正すべき点はすぐに見つかり、解決策がいくつも出されます。

もっとも多いのは、ユニオンが書面で指定した回答期限ギリギリにＦＡＸを送ってくる会社です。その書面でも、たとえば担当役員の名前で会社実印が押してある会社なら、「早期に円満解決できるだろう」と確信できます。三文判が押してある会社なら「いずれ解決するだろう」、印鑑すら押していない会社なら「多少こじれるな」といったイメージです。

弁護士名で作成された書面が届くケースも少なくありません。この時に、委任状を添えてくる弁護士であれば解決への意気込みが伝わりますから、筆者も早期解決に向けて論点を整理する責任を感じます。「厄介払い」「面倒くさい」を前面に押し出してくる会社であれば、「手厳しく攻めなくては」と腹を括らざるを得ません。

会社によって対応はさまざまですが、団体交渉で会社側が勝負をしてこない理由は、建前を崩せなかったり、想定すらしていなかったりするからなのでしょう。しかし、最大の理由は「会社がルールを破っていた」からにほかなりません。労働問題に「約束を守れなかった」はつきものですが、「守れなかったときにどうするか」を決めていないことが問題になってしまうのです。特に、メンタル疾患者をめぐる労働トラブルでは、「現行ルールが通用していない」「基準にすべきルールが存在していない」事例が少なくありません。

2 過剰な配慮がルール違反に？

「会社がルールを破る」事例でもっとも多いのは、無意識に「過剰配慮」していたケースです。過剰配慮とは、障害者を障害者でない者と比べて優遇する取扱い（いわゆる積極的改善措置）のことです。過剰配慮は差別には当たりませんが、会社が気づかないうちに「自らルールを破る」ことになってしまう要因です。

内閣府「障害を理由とする差別の解消の推進に関する基本方針」（2015年2月24日閣議決定）では、過剰配慮について次のように説明しています。

> 障害者を障害者でない者と比べて優遇する取扱い（いわゆる積極的改善措置）、法に規定された障害者に対する合理的配慮の提供による障害者でない者との異なる取扱いや、合理的配慮を提供等するために必要な範囲で、プライバシーに配慮しつつ障害者に障害の状況等を確認することは、不当な差別的取扱いには当たらない。不当な差別的取扱いとは、正当な理由なく、障害者を、問題となる事務・事業につ

いて本質的に関係する諸事情が同じ障害者でない者より不利に扱うことである点に留意する必要がある。

……（中略）……

正当な理由に相当するか否かについて、個別の事案ごとに、障害者、事業者、第三者の権利利益（例：安全の確保、財産の保全、事業の目的・内容・機能の維持、損害発生の防止等）及び行政機関等の事務・事業の目的・内容・機能の維持等の観点に鑑み、具体的場面や状況に応じて総合的・客観的に判断することが必要である。行政機関等及び事業者は、正当な理由があると判断した場合には、障害者にその理由を説明するものとし、理解を得るよう努めることが望ましい。

大まかに解説すると、「障害者への特別扱いは、正当な理由がなければ不当である」「正当か否かは個別ごとに総合的・客観的に判断せよ」ということです。さらに、「プライバシーに配慮」「具体的場面や状況に応じて総合的・客観的に判断することが必要」「理由を説明し、理解を得るよう努めることが望ましい」とも書かれています。

こうしたことに、職場が実践的に対処するのは難しいはずです。

これほど面倒なら、いっそのこと社内ルールに明文化してしまったほうが対処しやすくなります。メンタル疾患者の同僚に心優しい態度で接しようとした人が、「寄り添い手助けしようとする」時に、「プライバシーに配慮しつつ、理由を説明し、場面や状況に応じて総合的・客観的に判断しながら」では、いずれ疲れ果ててしまうでしょう。

現行ルールのままでは、メンタル疾患者への過剰配慮に疲れ果てる社員を職場から生み出してしまわないか。職場や従業員が「無理せず守れるルール」になっているか。そんな疑問を持つことがスタートです。「特に問題ないだろう」では済ませられなくなる実態を、具体的な事例から考えてみましょう。

3

助成金目当ての雇用は見抜かれる

障害者雇用には数多くの助成金や奨励金の制度が用意されています。メンタル疾患者を雇用する場合も例外ではありません。まったく制度を利用していない会社もあれば、あらゆる助成金を漏れなく受給している会社もあります。あまり深く考えず、「雇ったら申請できる」くらいの認識でいる会社も少なくありません。

ただ、注意が必要なのは、実際「助成金目当て」と非難されても仕方ないような実態もありますが、メンタル疾患者のほとんどは「助成金目当ての雇用」を見抜いている、ということです。

厚生労働省や独立行政法人高齢・障害・求職者雇用支援機構（ＪＥＥＤ）に対して申請できる助成制度には、次のようなものがあります。

- ○特定求職者雇用開発助成金
- ○障害者福祉施設設置等助成金
- ○障害者トライアル雇用奨励金
- ○障害者介助等助成金

○障害者初回雇用奨励金
○障害者職場定着支援奨励金
○障害者作業施設設置等助成金
○企業在籍型職場適応援助促進助成金
○発達障害者・難治性疾患患者雇用開発助成金
○重度障害者多数雇用事業所施設設置等助成金
○重度障害者等通勤対策助成金
○障害者職場復帰支援助成金
○障害者職業能力開発助成金
○中小企業障害者多数雇用施設設置等助成金

これとは別に、都道府県ごとに助成金・奨励金が設けられていることも多く、たとえば東京都では、東京都障害者安定雇用奨励金、東京都中小企業障害者雇用支援助成金、東京都公共職業訓練に係る障害者等訓練修了者雇入奨励金があります。

これら助成金には（雇用）保険料や税金が使われるわけですから厳格な審査があり、支給されるためには要件を満たしていなければならないのですが、不正受給は跡を絶ちません。

たとえば、「ハローワークを通じての就職」でなければ助成金を申請できないことから、いったん採用した後に、改めてハローワークに出向くよう指示して応募させる会社があります。これは「形式紹介」と呼ばれる不正受給の手口の1つです。これを違法だと知らずに行っている会社が少なくありません。

「平成27年度 会計検査院の報告」によると、不当と認められた助成金額は22事業者に支給された2,631万191円でした。毎年20業者ほどが摘発され、その被害額は数千万円に上ります。この報告書から一部を抜粋して紹介しましょう。

東京労働局は、事業主Xから、就職困難者Yを平成22年9月に新宿公共職業安定所の紹介を受けて同月に雇い入れたとする支給申請書の提出を受けて、これに基づき、就職困難者助成金90万円を事業主Xに支給していた。

しかし、実際には、就職困難者Yは同年8月から勤務しており、事業主X」は既に雇い入れている就職困難者Yに形式的に同公共職業安定所の紹介を受けさせていたことから、就職困難者Yは就職困難者助成金の対象とならず、就職困難者助成金

90万円の全額が支給の要件を満たしていなかった。
また、事業主Xは、他の就職困難者2名についても就職困難者助成金計180万円の支給を受けていたが、上記と同様の理由により就職困難者助成金の対象とならず、その全額が支給の要件を満たしていなかった。このため、事業主Xに対して支給された就職困難者3名に係る就職困難者助成金計270万円の全額が支給の要件を満たしていなかった。

この取締り事例を見てみると、取り締まられた企業名が公表されていないことに気づきます。つまり、社会的制裁を受けずに済んでいるということです。さらに、不正受給と認められた助成金は会社に返還義務がありますが、その半分も戻ってきていません。

不正受給に手を染める背景はさまざまです。経営の苦しい中小零細企業が障害者雇用関連の助成金で資金繰りしているケース、悪質なケースでは就労移行支援事業者と会社が結託していることがあります。

就労移行支援事業者は、障害者を就職させた実績に応じて報酬が増えます。そして、雇い入れた会社はあらゆる助成金を受給します。一定期間が過ぎると、雇った障害者が助成金の対象外となることから、退職させて新しい障害者を雇用するのですが、この時に会社は「言いにくいこと」を事業者から言わせ、障害者を退職へと追い込みます。入れ替わりに、会社は事業者が送り込んでくる新たな障害者を雇い入れます。このように、「何度もたらい回しにして」利用し尽くす——筆者はこの実態をいくつも見てきました。ところが、退職した障害者は、事業者から次の会社に送り込まれますので、家庭で面倒を見ることに苦労している保護者を巻き込みながら、三者の利害が一致してしまうのです。

「障害者雇用関連助成金の不正受給」は、確信犯的な会社に限った問題ではありません。助成金を受給していない大手企業でも、今後は注意が必要になるでしょう。それは、「採用・定着までをワンストップで」と銘打って障害者福祉事業者が提供している、障害者サテライト就労サービスなどの場面です。

障害者が大手企業に在籍している形で、その実、面接から採用・労務管理まで事業者任せといったケースが増えています。福祉事業者が関わる以上、助成金ありきになるのですが、この助成金申請書について「一言も説明せず」障害者に署名を求めてしまう会社が少なくありません。会社が受け取る助成金の金額や使途まで本人に開示している会社は稀でしょう。

実は、ここにトラブルの火種があります。メンタル疾患者は、助成金の制度や趣旨を熟知していると考えてください。自分が採用されたことでいくら会社にお金が入るのかを調べ、「それに比べて自分の給料は低くないか?」「会社は申請基準を満たしていないのではないか?」といった検証をしています。

申請書に署名を求められた時に何も言わず素直に応じるのは、ただ働き続けたいからです。しかし、会社の不手際や説明不足を忘れることは決してありません。働き続けることに問題が生じた時に、その点を追求されると考えておいてください。助成金を資金繰りとして使う企業はもってのほかですが、メンタル疾患者雇用では助成制度の趣旨や同意の取り方にまで注意が必要です。

また、助成金目当てではなくても、採用時に深く考えず助成金を受給していた会社であれば、「手に負えない」と解雇したり短い期間で契約満了したりする場合、不当な雇止めが争われる可能性が高くなるでしょう。

たとえば、「特定求職者雇用開発助成金（特開金）」の給付要件には、「継続して雇用することが確実であると認められること」と書かれています。つまり、会社は「対象労働者の年齢が65歳以上に達するまで継続して雇用し、かつ、当該雇用期間が継続して2年以上である」ことが「確実だと考えたので申請している」ことが前提でなければならないのです。メンタル疾患者を採用した会社がこの特開金を申請していたなら、「定年まで雇ってもらえる。最低でも2年は働ける」「次の契約も当然更新されるだろうと期待できる」と考えるのが合理的と判断されます。つまり、労働契約法の規定によって「雇止め法理」が適用される可能性があるのです。

労働契約法第19条第2号（有期労働契約の更新等）

当該労働者において当該有期労働契約の契約期間の満了時に当該有期労働契約が更新されるものと期待することについて合理的な理由があるものであると認められること。

2012年8月10日に施行された改正労働契約法では、5年以上繰り返し更新されているケースではなくても、当事者間の言動や認識などの諸事情から「労働者が雇用の継続を期待することについて合理性があると認められる場合」には、正社員を解雇するときのルールが適用されます。

つまり、「会社が特開金を申請した＝定年まで、最低でも2年は働けるだろうと期待した」に該当してしまえば、会社が契約を更新しないためには、「労働契約法第16条」の要件を満たす必要があるということです。

労働契約法第16条（解雇）

解雇は、客観的に合理的な理由を欠き、社会通念上相当であると認められない場合は、その権利を濫用したものとして、無効とする。

会社が安易に助成金を申請することには「本質的な問題がある」ことを、ほとんどのメンタル疾患者は気づいています。そしてもう1つ、注意しなければならないのが、「配慮と収入のバランス」です。極端な言い方をすると、「会社は助成金を受け取っているのに、自分の収入が少ない」ことに対する不満です。

厚生労働省「平成26年 障害年金受給者実態調査」によると、障害年金受給者のうち7・6％の人が仕事に就いていますが、そのうち80％以上の人が年収200万円未満であると答えています。年収50万円未満の人に限っても、47・5％に上りました。この調査結果から、働いた収入だけでは満足に生活できない人が多いことがわかります。

ここ数年で障害者の求人数は増えていますが、給料や待遇が充実した条件の求人は希少です。悪い言い方ですが、会社は雇用率達成のために雇うのですから、その人の生活水準にまでは関心が及びません。実際、高いビジネススキルを持ったメンタル疾患者でも、有期雇用かつ最低賃金の時給制で働いていることが多いのです。

厚生労働省が公表している、事業主を対象とする「合理的配慮指針」（２０１５年3月25日告示）には、メンタル疾患者への配慮として、「出退勤時刻・休暇・休憩に関し、通院・体調に配慮すること」と書かれています。これは「無理をさせず、休ませろ」ということですから、当然収入が減ることにつながります。体調ばかりに目が向き、収入・生活面への思慮が足りなければトラブルを招いてしまうこともあります。

休職・復職については、ルールを明確にして厳格に運用することは言うまでもありませんが、面談では休業補償や障害年金など、体調だけでなく生活・収入面についても話題にするべきでしょう。「助成金を受給している会社が、本人の体調面だけを考えて休職させた」――この時、健康を案じて休職を命じた人に、生活が苦しくなったメンタル疾患者の敵意が向かうことは、めずらしいことではありません。

4 雇用率達成のための雇用も見抜かれる

三菱ＵＦＪリサーチ＆コンサルティング「企業におけるダイバーシティ推進に関するアンケート調査」（２０１７年6月29日に結果公表）によると、上場企業３，６９３社のうち、「法定雇用率の達成が経営戦略上、重要」とした会社は３３・９％でした。７０・８％の会社は障害者雇用が「ＣＳＲや企業の信用のため」と答えており、「雇用率達成のために障害者を雇用している」という本音が浮きぼりとなったと言えます。実際、障害者を非正規雇用している会社は少なくありません。雇用率達成のために雇われているのだろうと感じているメンタル疾患者はとても多く、そこは割り切っていても、「不合理な格差」には非常に敏感です。

大手建設会社に勤めているＫさん（ＰＤＤ・躁うつ病、30代女性）は、こんな相談メールを送ってきました。

――私は、障害者枠で採用され、有期雇用の契約社員で働いています。会社では現在、契約社員が事実上の障害者枠として運用されている状況です。正社員の人たちとは、福利厚生面で大きな差があります。特に、教育の機会が与えられず、キャリアパスが用意されていないことに不満を持っています。会社は、正社員への登用や条件改善の機会を与えてくれません。障害者を非正規雇用している目的や、障害者の活用方針を聞きたいと考えています。例えば、非正規雇用を正社員の前ステップとして捉えているか、あるいは障害者雇用率を満たすために切り出された平易な業務を担当させるために非正規雇用を活用しているのかということです。現状では後者のように見えてしまう部分もあります。

この不満や疑問を、Ｋさんが正面から会社にぶつけることはありません。そもそも雇用契約に納得して入社していますし、問題提起することで会社に居づらくなってしまうかもしれないと考えるからです。しかし、ＰＤＤの特性で「このことが頭から離れなく」なれば、日々ストレスを感じることによって体調を崩したり、人間関係がうまくいかなくなったりします。いずれにしても、退職せざるを得ない状況を自ら作り出してしまいかねません。

このような状態になったときに、初めてこの問題が浮上してきます。つまり、退職に至った最大の原因は「これまで障害だけを理由にした不合理な格差が改善されなかった。（それが気になる）障害への配慮を提供しなかった会社が悪い」ということになるのです。

たとえば、有期雇用については、労働契約法に定めがあります。

労働契約法第17条第２項（契約期間中の解雇等）
使用者は、有期労働契約について、その有期労働契約により労働者を使用する目的に照らして、必要以上に短い期間を定めることにより、その有期労働契約を反復して更新することのないよう配慮しなければならない。

この条文は、「労働者を使用する目的」に照らし、極力長い契約期間を定めるよう配慮せよ、と読めます。もちろん、この法律は健常者に対する限定的なものではありません。本来、有期雇用は、その期間だけ労働力が必要である場合に使われる雇用形態です。ところが、社会変化やさまざまな法改正を経て、現在では雇用の調整弁として使われることが多くなっています。経営状況の変化に合わせて人員調整しやすくするための有期雇用が実情、と言ってよいでしょう。

原理原則から考えると、「ある一定期間だけ、障害者を雇いたい」からKさんを有期雇用していなければならないのですが、明確な説明は難しいでしょう。ある一定期間だけ障害者を雇いたい理由はなかなか見当たらないはずです。「労働者を使用する目的」が雇用率達成であれば、「社員が50人減ったときには解雇」と、採用時に明言していなければなりません。

「正社員登用の機会が与えられていない」についても、パートタイム労働法（短時間労働者の雇用管理の改善等に関する法律）に対抗できる論理的な根拠を用意していなければなりません。正社員登用の可能性があるか否か、ないのならその理由を「障害者だから」以外に説明できなければなりません。

パートタイム労働法第13条第3号（通常の労働者への転換）
一定の資格を有する短時間労働者を対象とした通常の労働者への転換のための試験制度を設けることその他の通常の労働者への転換を推進するための措置を講ずること。

福利厚生や教育機会については、障害者雇用促進法（障害者の雇用の促進等に関する法律）に定めがあります。

障害者雇用促進法第35条（障害者に対する差別の禁止）
事業主は、賃金の決定、教育訓練の実施、福利厚生施設の利用その他の待遇について、労働者が障害者であることを理由として、障害者でない者と不当な差別的取扱いをしてはならない。

厚生労働省「障害者に対する差別の禁止に関する指針」（2015年3月25日公示）でも、すべての事業主を対象として、募集・採用、賃金、配置、昇進、降格、教育訓練などの項目で障害者に対する差別を禁止しています。

つまり、「教育訓練の実施」は法律や指針で定められていますので、Kさんの訴えは「正論」と言えます。実施しなかった会社が、あとになってKさんを納得させることは難しいでしょう。「障害者は育成コストに対するリターンが少ない。投資して育成するべき人材ではない」と、はっきり言うことができるでしょうか？

もう1つの課題が「間接差別」です。Kさんは「会社では現在、契約社員が事実上の障害者枠として運用されている」と訴えていますが、これが「間接差別になっていないか」という問題です。間接差別をどう扱うかについては、まだ議論が熟していないので明確な規定はありませんが、「形を変えた障害者差別」と言われるようになるかもしれません。「いずれ注意が必要になる」と意識しておくべきでしょう。

間接差別については、次のように考えられます――「会社に、『外回りなど、すべての業務を経験しないと昇格できない』という決まりがあり、障害のため外回りが困難な人は昇進できない。公平中立のように思える決まりが、読み方によって『障害者を排除』していれば、結果的に間接的に差別したことになる」。

つまり、障害者だけが非正規雇用されている場合、正社員と非正規社員の格差が、そのまま障害者に対する間接差別になってしまう可能性があるのです。たとえば、「福利厚生施設の利用」については、障害者であることだけを理由として正社員と差別的な取扱いをしてはいけないと、すでに法律で条文化されています。これに対抗するには「障害者だから」以外の理由が必要になりますが、Kさんが指摘するように「非正規雇用されている人が障害者だけ」であれば、「正社員と非正社員では将来の期待が違う」ような言逃れが難しくなるはずです。

賃金についても、現行の賃金規程が労働契約法・障害者雇用促進法それぞれの解釈においてバランスの取れた規定になっているかを検証しておくべきでしょう。

労働契約法第20条（期間の定めがあることによる不合理な労働条件の禁止）

有期労働契約を締結している労働者の労働契約の内容である労働条件が、期間の定めがあることにより同一の使用者と期間の定めのない労働契約を締結している労働者の労働契約の内容である労働条件と相違する場合においては、当該労働条件の相違は、労働者の業務の内容及び当該業務に伴う責任の程度（以下この条において「職務の内容」という。）、当該職務の内容及び配置の変更の範囲その他の事情を考慮して、不合理と認められるものであってはならない。

筆者がメンタル疾患者から聞く不満の中で多いのが「名刺・社章・メールアドレス」の不支給です。「非正規雇用だから不支給。非正規雇用は障害者だけ。つまり障害者だから不支給」であれば、今後問題になるかもしれません。

何よりポイントになるのが名刺なのですが、実際には、名刺を支給していない会社がとても多いと感じます。実は、社章や名刺を支給されているメンタル疾患者はトラブルになることが少ないのです。「社会人として認められた」と感じるのでしょう、愛社精神やまじめな勤務態度といった副次的な効果を生んでいるようです。

極端な言い方をすると、「雇用率達成のためだけの雇用」は、障害者を「非人間的に扱っている」ことになります。メンタル疾患者は必ずこれを見抜くと考えてください。現行の社内ルールが思いがけず、会社が掲げている方針（全従業員の能力向上など）から「障害者だけを」排除していないか——このような視点で見直してみると、課題が見つかるでしょう。

■5

関連法に精通していなくてもよい

障害者雇用にあたり、障害者雇用に関連するあらゆる法律に精通する必要はありません。どのようなルールがあるのか、「なんとなく知っている」くらいで十分です。ところが、前述した「企業におけるダイバーシティ推進に関するアンケート調査」（285ページ参照）では、「障害者に関する理解の促進」について、63・1％の企業が「研修を実施していない」と答えています。全社員に研修を行った企業は約10％でした。

「障害者○○法」のほとんどは、健常者（会社）に向けて作られています。しかし、法を守るべき当事者は健常者（会社）なのに、あまり気にしていないのが実態です。むしろ、「障害者だけが知っていればいい法律」と勘違いしている人が多いのです。

「なんとなく知っている」と「まったく知らない」には、大きな隔たりがあります。全社員に研修を行っていない約90％の企業は、意識が不足していた、受入れ準備が十分でなかったと受け止めるべきでしょう。

働いているメンタル疾患者の多くは、インターネットなどから情報を得て、法律をよく勉強しています。障害者関連法だけでなく、労働基準法や労働契約法、労働安全衛生法にまで精通している人もめずらしくありません。メンタル疾患者の職場トラブルでは、健常者（会社）側に勝ち目がないと言えるのですが、その理由は、一方は「完全武装」していて、もう一方が「素手で闘っている」からなのです。

トラブルが起きた時に「そんな法律があるの？」では、火に油を注ぐようなものです。全従業員が「なんとなく知っている」となるよう、職場のルールとして浸透させていくことが近道です。

6

厚生労働省が公表する情報の読み方

メンタル疾患など、障害者の労働に関するあらゆるデータは厚生労働省が公表しています。「データからわかること」は現状（過去）についてですから、人事労務担当者や専門家が見るべきは「公表されたデータ」ではなく、「議事録」です。ホームページに公開されている「労政審障害者雇用分科会」の議事録を見ていくと、「障害者雇用率が2・5～2・6％を目指して徐々に引き上げられていく」情勢を知ることができます。これは人事計画やCSR戦略に必要な情報と言えるでしょう。

「データからわからないこと」が、実態です。厚生労働省や独立行政法人高齢・障害・求職者雇用支援機構が公表するデータは、サンプル調査の結果にすぎず、民間企業の努力や苦悩が反映されることはまずありません。たとえば、「障害者雇用分科会」に障害者代表として出席している委員は、障害者団体や保護者団体の代表です。働いている障害者、つまり当事者の出席はありませんから、職場問題や実践に活かせる情報は期待できません。

また、第73回労政審障害者雇用分科会（２０１７年5月30日）で「精神障害者の雇用率問題」について意見書（68ページ参照）を提出した委員は、社会福祉法人日本盲人会連合会長で、精神障害の専門家ではありません。つまり、今後の話合いも当事者不在のまま進められていきますので、公表されたデータと自社の実績を比較して、自社のレベルを気にする必要はありません。時代の潮流や平均値を見ていく程度で十分です。

7

社会情勢の「変化」に鈍感にならない

厚生労働省のデータには、職場で実践に活かすという視点から見ていくと、肝心な部分が抜けていることが少なくありません。

一例を挙げると、「職場からＬＧＢＴの人への偏見を取り除く」ことに取り組んでいる会社は少なくないでしょう。しかし、この「ＬＧＢＴ」という言葉に不適切な意味が含まれてしまう可能性があることから、最近では「ＳＯＧＩ」という用語が使われるようになっていることを、厚生労働省は教えてくれません。

「ＳＯＧＩ」は、「性的指向（Sexual Orientation）」と「性自認（Gender Identity）」の頭文字を組み合わせた言葉です。一方の「ＬＧＢＴ」は、「女性同性愛者（レズビアン：Lesbian）、男性同性愛者（ゲイ：Gay）、両性愛者（バイセクシュアル：Bi-sexual）、心と体の性が一致しない人（トランスジェンダー：Transgender）」の頭文字から作られた言葉です。「性的指向と性自認」というまったく違う意味が1つの言葉で表現されており、「性的少数者が一括りにされている」と不快に感じる人がいるのです。そこで、すでに国連などの国際機関では、「ＳＯＧＩ」の使用が増えています。こうした情勢を踏まえれば、就業規則の懲戒規定（セクハラ）の範囲に「性的少数者」ではなく「ＬＧＢＴ」と記載すると、偏見を取り除くために使った言葉が「偏見」だと指摘されかねません。

「ＬＧＢＴ」という言葉1つを取り上げても、移り変わりがあります。発達障害では、これまで何度も病名の変更がなされてきました。しかし、現実には、このような変化に職場が敏感に対応していくことには無理があるでしょう。社会情勢や更新される情報に「なるべく鈍感にならない」くらいが精いっぱいです。

もっとも重要なことは、漫然と「現行ルールのままで大丈夫だろう」ではトラブルを防ぎ切れなくなっているという事実です。「現行ルールでは対応し切れなくなるかもしれない」――その意識が芽生えれば大丈夫です。なぜなら、1からすべて変えるのではなく、部分的に修正することから始めれば、十分対応できるからです。

chapter 8

新たなルール作りに取り組む

会社とメンタル疾患者との約束事を決めましょう

「他の障害とまったく違うとはいえ、メンタル疾患者をそこまで特別扱いして大丈夫なのか？」

職場ルールの変更をするとなれば、そんな心配をする人もいるでしょう。答えは、「大丈夫」です。職場では、メンタル疾患者を取り巻く問題がすべての障害者雇用に共通するからです。もっと言えば、中途入社してきた人、出産・育児休暇明けの人、病気治療を終えて復職した人、ＬＧＢＴ（ＳＯＧＩ）の人や外国人従業員など、職場で少数派とされるすべての人に通じる見直しになるでしょう。

たとえば、社会的少数者が「生きづらいと感じていた」「幼少時からいじめの被害に遭っていた」など、「精神的に参っている人が多い」ことを想像するのは、それほど難しくありません。実際、うつ病を発症してしまう身体・知的障害者は数多くいます。身体障害者に対して「会社として、やれることはやった」「これ以上どうしろっていうんだ！」になってしまったゆえの職場トラブルであれば、その構造や本質はメンタル疾患者とのトラブルとまったく同じなのです。つまり、メンタル疾患者を想定して変更された制度でなら対応できるようになっているということです。

トラブルを未然に防ぎ、円滑な職場を作り上げて維持していくためには、「組織的な対応」へと意識を変えていく必要があります。そのためには新しいルール作りに取り組まなくてはいけませんが、難しく考える必要はありません。大切なのは、採用したメンタル疾患者に「会社は何をすればいいですか？」と問いかける姿勢から、「会社との約束事を決めて、お互いルールを守りましょう」へと意識改革することです。

1

一定の制約の下で受け入れる

雇用や就労は、契約の1つです。労働契約の原則は、会社と労働者が対等であるということですが、この「労働契約」という一定の制約の下でメンタル疾患者を受け入れるという意識が、これからは必要になります。つまり、職場トラブル（人間関係の好き嫌い、人権やプライド）を、いかに労働契約や労働基準法・労働安全衛生法の話に引き戻すか。その道筋のために新たなルールを用意しておくということです。会社・健常者・メンタル疾患者のどこかでうっかりミスしても、修復可能なルートを作っておくという考え方です。

実は、労働契約というルールの下で成立している関係や、本音からの言動は、働くメンタル疾患者から歓迎されます。たとえば、会社が欲しいのは人材・障害者であって、「○○さん」個人ではないはずです。受け入れる側にその線引きがあれば、安心して働ける人が多くなります。なぜなら、メンタル疾患者が求めているのも安定した仕事や収入だからです。

ところが、会社が何かの局面でミスをしてしまうと、メンタル疾患者は「理解ある理想的な職場」「自分に快適な環境」を求め始めてしまいます。これまで見てきたように「話がすり替わり」「責任転嫁してしまい」「自分のミスを棚に上げて」職場や同僚批判を繰り返してしまいます。

コンプライアンスを大々的に掲げている会社ではなくても、会社があらゆる法律を守ることは当然でしょう。その1つ、労働基準法を守ることは、労働条件を明示したり就業規則を公正厳格に運用したりすることでもあります。雇用契約書や就業規則に、「読み方によってはどちらの意味にも取れる」あいまいな表現が含まれていれば、適正に運用することが難しくなってしまいます。

ただ、就業規則の大幅変更は大変な作業になりますから、現実的には、雇用契約書への加筆や誓約書・身元保証書の部分変更などで対応していくことになるでしょう。一般的な契約書にある「本契約に定めのない事項について疑義が生じた時には、双方が誠意をもって協議の上、解決するものとする」との条項を、雇用契約全体に盛り込むようなイメージです。

まず、現在使われている雇用契約書や就業規則を見直すことから始めます。障害者だけに不利・無関係な条項が入り込んでいないかの点検です。メンタル疾患者の加入を認めていない社内労組の組合費チェックオフ項目が記載されていないか、正社員しか利用できない慶弔金・特別有給などの福利厚生について触れられていないか、……意外と多く見つかるはずです。そうした条項を削除し、もしくは別途対応への道筋を作ることが、スタートとなります。

次に、会社・メンタル疾患者の双方にミスがあったときの解決方法について決めておきます。「会社が配慮できなかった（メンタル疾患者が配慮されていないと感じた）時に、相談窓口へすぐに申告する（義務）」という項目を加筆すれば、当然、相談窓口を明確にする必要に迫られます。この窓口は、障害者虐待防止法第21条（328ページ参照）で規定されていますので、実は、存在しないのは不適切なことです。メンタル疾患者が、「このままでは業務遂行が難しい」「障害が仕事を邪魔してしまう」といった不安や小さな疑問を感じたときに相談する窓口を兼ねているとよいでしょう。

一方、メンタル疾患者が「就業規則に背く行為」を起こしたときの取決めも重要です。就業規則には「懲戒」の規定がありますが、（心理的なことが原因の）体調不良や病状悪化への対応についても明確な条項があると、対応しやすくなります。勤怠不良や人間関係のトラブルを問題視するタイミング（「同僚の訴えが複数あった時」等）や、担当窓口（「懲戒委員会」）をあらかじめ想定して、具体的に書き加える必要があります。

これまで形式的に取っていた誓約書や身元保証書についても、再考すべき点は少なくありません。雇用契約書や就業規則ではカバーし切れないメンタル疾患特有の問題については、こちらで対応させることが実践的です。保証や制約範囲の有効性について、法律の専門家からリーガルチェックを受ければ済むからです。

試用期間についても、改めて見直すと課題が多く見つかるはずです。実際には、何もしていない会社が少なくありません。試用期間をフル活用して適性を見極めていた痕跡がなければ、問題があったからと解雇するのは難しいと考えてください。

現状のルールでは対応が難しいかもしれない課題が洗い出されたら、それらを「どのようなルールで解決していくか」という視点で取り組みます。もっとも重要なのは、メンタル疾患者への配慮に疲れ果てる社員を職場から生まないために、会社や職場、従業員が「無理せず守れるルール」を作ることです。その意識で作られたものであれば、メンタル疾患者も健常者も安心して働けるルールに変わっているはずです。

2
「福祉」から「福利厚生」へ

メンタル疾患者に対応する新たなルール作りを行う際、忘れてはいけない点があります。それは、社内ルールから「福祉的要素をできるだけ排除する」ことです。大まかに言えば、「福祉から福利厚生への転換」を行うのです。

もちろん、障害者雇用全般において福祉的な要素はつきものですが、ことメンタル疾患者に限っては、「福祉的要素をいかに職場から排除していくか」がカギを握ると言ってよいでしょう。なぜなら、メンタル疾患者の多くが、あらゆる面で自立しているからです。一人暮らしをしていたり、結婚して家庭を持っていたりするメンタル疾患者は、決してめずらしくありません。

福祉的な対応は、どうしても個人的な対応に依存しがちになります。組織的に対応すべくルールを見直すのですから、当然、福祉的な視点を取り除くべきなのです。たとえば、これまで福祉的な意識で行ってきたこと（体調への配慮等）を、福利厚生の範囲で明確に取り決めてしまいます。福利厚生であれば、間違いなく会社のルールだからです。

2017年9月に、厚生労働省が「精神・発達障害者しごとサポーター養成制度」を立ち上げました。制度の趣旨を見ていくと、厚生労働省は「より個人的な対応」を求めているようにも思えますが、会社はこの制度を「個人的対応に使わない」よう、注意が必要です。

同制度では、職場から有志を募り、精神保健福祉士ら専門家を講師にした「精神障害者の行動の特徴や、仕事を続ける上で留意すべき点」についての講座を受講します。受講者には「自分は精神・発達障害に関して一定の知識、理解がある」と職場で意思表示するための、デスクに貼るシールやピンバッジなどのグッズが配られる予定です。つまり、専門知識を身につけたいと自発的に手を挙げた社員に、メンタル疾患者の職場定着を支援してもらうという制度です。

この制度を説明する文書には、「精神・発達障害者を暖かく見守り」や「精神・発達障害者に寄り添い」といった、福祉的な言葉が多く登場します。しかし、（あくまでも筆者の経験からですが）「暖かく見守ってほしい」「寄り添ってほしい」と願い求めるメンタル疾患者は、1人もいません。自分の障害を理解してもらいたいのは、

「知っておいてもらわなければ業務の遂行が難しくなる」からです。
職場では、「寄り添う」だけでは解決しない問題も起こります。メンタル疾患者を「1人の社会人」として扱い、厳しく向き合わなければならない場面も訪れるでしょう。たとえば、業務ミスや顧客トラブルでは、メンタル疾患者の責任を問うこともあり得ます。しかし、日頃から福祉的対応に偏り過ぎていた職場がこのようなことをすれば、メンタル疾患者からは「会社の態度が豹変した」ようにしか見えません。

もちろん、雇い入れたメンタル疾患者に配慮を提供するには、ある程度の知識は必要です。しかし、講座を受けたサポーターが、すべての面で対応するのは無理があると考えるべきでしょう。約2時間の専門講座を受けたといっても、(権限を持たない)個人で判断するには難しいケースが少なくありません。「面倒なことはその人任せ」にしない、もっと言うなら「会社がサポーターを守る」ルールを作っておく必要があります。つまり、不適切な依存関係を生まないために、たとえば業務時間外のメールを禁止するような規定を、どこかに書き加えておくような対策です。

具体的には、メンタル疾患者が勤怠不良になったときに、「不的確なアドバイスをしてしまい、事態を悪化させた」としても責任を問わない等、関わる領域や責任範囲を明確にしておくべきです。サポーターにはメンタル疾患者と会社の「通訳業務を担ってもらう」くらいが適切です。

障害者雇用促進法では、障害者を5人以上雇用する事業所に対し、「障害者職業生活相談員」の選任と届出を義務づけています。

障害者雇用促進法第79条第1項（障害者職業生活相談員）

事業主は、厚生労働省令で定める数以上の障害者（身体障害者、知的障害者及び精神障害者）である労働者を雇用する事業所においては、その雇用する労働者であつて、厚生労働大臣が行う講習を修了したものその他厚生労働省令で定める資格を有するもののうちから、厚生労働省令で定めるところにより、障害者職業生活相談員を選任し、その者に当該事業所に雇用されている障害者である労働者の職業生活に関する相談及び指導を行わせなければならない。

この相談員の資格認定講習は独立行政法人高齢・障害・求職者雇用支援機構が行っていますが、この講習で使われている教材の内容が秀逸です。改めて読み直すと、職場で活かせる実践的なアイデアが豊富に書かれていることに気づけるでしょう。

「同一労働同一賃金ガイドライン案」（2016年12月20日公表）は、「正規雇用労働者（無期雇用フルタイム労働者）と非正規雇用労働者（有期雇用労働者、パートタイム労働者、派遣労働者）の間の不合理な待遇差の解消を目指す」としています。賃金だけでなく福利厚生についても詳細に書かれていますから、多くの会社が福利厚生制度の見直しを迫られているのではないでしょうか。

【福利厚生】

●福利厚生施設（食堂、休憩室、更衣室）

無期雇用フルタイム労働者と同一の事業場で働く有期雇用労働者またはパートタイム労働者には、同一の利用を認めなければならない。

●慶弔休暇、健康診断に伴う勤務免除・有給補償

有期雇用労働者またはパートタイム労働者にも、無期雇用フルタイム労働者と同一の付与をしなければならない。

●病気休職

無期雇用パートタイム労働者には、無期雇用フルタイム労働者と同一の付与をしなければならない。また、有期雇用労働者にも、労働契約の残存期間を踏まえて、付与をしなければならない。

【その他】

●教育訓練

現在の職務に必要な技能・知識を習得するために実施しようとする場合、無期雇

用フルタイム労働者と同一の職務内容である有期雇用労働者またはパートタイム労働者には同一の実施をしなければならない。また、職務の内容、責任に一定の違いがある場合においては、その相違に応じた実施をしなければならない。

福利厚生は会社が独自に決められるものですから、どのように運用するかは会社の裁量や判断であることが原則です。しかし、社会情勢の変化を考えると、「何もしなくていい」ではいられないのが現実です。むしろ絶好のタイミングととらえ、この一連の作業に「障害者雇用や社会的少数者への配慮」という視点を持ち込んでみてはどうでしょう。特に、メンタル疾患社員については、当然想定されるべき課題が多いはずです。

たとえば、ビール大手のキリンでは、ＬＧＢＴの従業員が性別適合手術をする場合、最大で60日の有給休暇を付与する制度を設けました。情報通信大手ヤフーは、障害者である従業員に（通常の有休に加算して）年６日の有給休暇を付与する制度を導入しています。

法定外有休や特別休暇は福利厚生制度の1つですが、このようなわかりやすい制度がメンタル疾患者からは歓迎されます。特別扱いとの批判もあるかもしれませんが、「メンタル疾患者であること」で障害者雇用率達成に寄与していることは紛れもない事実です。筆者の個人的な意見ですが、「障害者手当」の導入を検討するなど、福利厚生などであからさまに「特別扱い（積極的優遇措置）」してしまったほうが、職場から偏見やトラブルを取り除けるのではないかと考えています。なぜなら、ルールで特別扱いしてあれば、職場の人間関係がフラットになりやすいからです。たとえるなら、「ゴルフのハンデ」「競馬のハンデ戦」のようなイメージです。

3 関連法の条文を新しいルールに流用する

施行されている法律には従わなければなりませんが、職場では、誰もが守れる独自の解釈やルールがあったほうがよいでしょう。

会社が持つ権利は、人事権・業務命令権・施設管理権のように法律で守られています。労働者の権利としては、憲法や労働基準法で定められたルールが存在します。ところが、メンタル疾患者の場合、ここに障害者関連の法律が関係してきます。社内ルールにこれらの法律がバランスよく共存していなければ、職場を混乱させてしまうだけです。

対策としては、障害者が働くことで関わってくる法律の条文を分解したり引用したりしながら、既存の社内ルールに加筆修正していくことから始めます。うまく機能させるコツは、ルール全般にわたって「損得勘定に訴える」内容とすることです。つまり、「信賞必罰」を徹底させるのです。

たとえば、メンタル疾患者が業務ミスをしたら、再発防止を考える前に、淡々と減点して、粛々と評価に影響させます。叱責や指導はしませんが、逆に、大目に見ることもしてはいけません。その代わり、成果に対しては過大なくらいに評価します。既存の就業規則にある、「表彰」などの「懲戒の反対」の積極活用です。「ミスをすれば損する、頑張れば得する」が明確になることで、会社とメンタル疾患者のコミュニケーションが機能しやすくなります。

本来なら、「障害者用就業規則」を作成しておくことが理想なのですが、現実には一般社員やパート社員の就業規則を加工して使用することになるのがほとんどでしょう。この場合、その加工を、ひと工夫しなくてはいけません。「職場トラブル（人間関係の好き嫌い、人権やプライド）を、労働契約や労働基準法・労働安全衛生法の話に引き戻せるルールを作っておく必要がある」と述べましたが（302ページ参照）、道筋をつけるためには、具体的な状況を想定しておくことが欠かせません。

状況を想定する際には、現在メンタル疾患者が働いている職場であれば、同じ職場で普段接している従業員から本音を聞き出すことを勧めます。「悪口でもかまわない」

くらいを告げて、プライバシーの保護を約束し、日頃感じている本音が得られれば成功です。ここで出された本音が、想定すべき具体的状況そのものになります。その内容を反映させたルール加工なら、効果も高いでしょう。いずれ就業規則を変更する時には、より具体的な状況が想定された内容になっていきます。

職場のルール作りで大切なのは、試行錯誤を怖れないことと、「会社が守れるルールを作ること」です。「うっかり失敗した時にもリカバリーできる条項が明記されたルール」といったイメージです。

せっかく作ったルールでも、会社が破ってしまえば、いずれ特別扱いするしか対処法がなくなります。それを未然に防ぐ「柔軟さ」が、現行ルールには欠けていると考えてください。

以下では、それぞれの障害者関連法をどのように活かしていくのか、具体的に考えていきましょう。

4

押さえておくべき重要条文

【障害者雇用促進法第5条（事業主の責務）】

> すべて事業主は、障害者の雇用に関し、社会連帯の理念に基づき、障害者である労働者が有為な職業人として自立しようとする努力に対して協力する責務を有するものであつて、その有する能力を正当に評価し、適当な雇用の場を与えるとともに適正な雇用管理を行うことによりその雇用の安定を図るように努めなければならない。

この条文から引用すべきは、「能力を正当に評価し、適正な雇用管理を行う」です。この遵守こそが、メンタル疾患者の多くが訴える「能力が評価されない」「約束が守られていない」との不満を解消させます。

「能力を正当に評価」するためには、当然、評価基準が必要になります。メンタル疾患者の評価の基準を改めて見直してみると、健常者従業員のものと同じだったり、何をもって正当かを説明できなかったりするでしょう。健常者と同じ評価基準であれば、「深い反省ができない」メンタル疾患者に、ミスを繰り返さないよう「深く反省することを求める」になってしまいかねません。また、大目に見たり査定を甘くしたりすることも、評価ではありません。メンタル疾患者の「何を、どう評価するのか」基準が明確で、厳正に運用されていなければならないのです。

正当に評価するのであれば、昇給・昇進についての基準も用意されていなければいけません。給料が上がらないのは「障害者だから」というのは、今後一切通用しないと心得てください。評価基準は、できるだけ項目を細やかにしておくことで対応しやすくなります。

筆者が実際に見たものでは、「業務の基本的な習熟度や仕事への取組み姿勢から始まる20項目以上の、それぞれに5段階評価を書き込めるチェック表」が秀逸でした。さらに、項目のどこにも、障害がマイナスになるような内容はありませんでした。評価欄には、自己評価と上司評価の欄があって、毎月、本人コメントと上司のコメントを記入できるようになっています。項目によっては、自己評価5に対し上司評価が1になる場合もありますが、コメント欄で応酬しながら文字伝達することで、うまく運用されていました。上司からのコメントに「言いにくいこともはっきり書いてある」ことが、公平・公正に評価されているとの信頼につながっていました。

「適正な雇用管理」を行う上では、特に勤怠のルールを厳格にしていくことが必要になります。「遅刻を○回したら減給」「無断欠勤は○回で解雇」くらいの明確さがなければ、後々のトラブルを防ぐことはできません。メンタル疾患者の体調不良を職場が把握し理解することは難しいのですから、必ず「診断書の提出」がセットになっていなければならないはずです。それがルールとして浸透されていなければいけません。なぜなら、診断書という共通ルールがなければ、判断をメンタル疾患者に委ねるしかなくなるからです。

一方、ただ厳しくするだけでは損得勘定に合わなくなります。メンタル疾患者に

「損ばかりしている」と感じさせないために、勤続年数ごとの表彰などを独自に定めてみてはどうでしょう。メンタル疾患者の多くが6か月から1年で退職しているのですから、その期間での表彰制度があれば、（損得勘定に訴える）厳格な運用が可能になります。これは、会社が「雇用の安定を図るように努めなければならない」にも対応できていることになります。

【障害者雇用促進法第35条（障害者に対する差別の禁止）】

> 事業主は、賃金の決定、教育訓練の実施、福利厚生施設の利用その他の待遇について、労働者が障害者であることを理由として、障害者でない者と不当な差別的取扱いをしてはならない。

この条文で押さえるべきは、「差別の禁止＝合理的配慮の提供」です。

筆者は、メンタル疾患者から「合理的配慮が提供されていない」と相談されることが多いのですが、「どのような配慮を求めたのですか？」と聞いてみると、何も求めていない人が少なくありません。つまり、働くメンタル疾患者の側も、「合理的配慮」をよく理解していないことが多いということです。

求められているのは、「メンタル疾患者側から会社に配慮を求め、その内容が合理的であれば提供しなければならない」ということです。何も言ってこないメンタル疾患者には配慮することができませんし、どんな配慮を求めたいのかは、会社から聞き出すことでもありません。とはいえ、配慮を求めやすい制度や窓口がなくてはトラブルになるでしょう。

また、法律では、合理的かどうかを判断した結果、会社にとって「過重な負担」であれば配慮を提供しなくても差別にならないとされています。この「過重な負担」については、どうしても金銭的・経済的な視点にばかり目が向いてしまいがちですが、メンタル疾患者の求める配慮の多くは「金銭的な負担」はあまり必要がなく、むしろ職場や同僚に「心理的な負担」を強いるものになりがちです。就業規則等に、この「（心理的に）過重な負担」に視線が注がれた一文が明記されていれば、適切な対処がしやすくなるでしょう。

たとえば、「会社がこの法律を守るために必要である」ことを根拠に、雇用契約に関する書面のどこかに「配慮を求める手順（「具体的に書かれた書面で提出する」等）」「合理的か否かについては誰がいつまでに判断するのか」「過重な負担についての基準（「金額」や「同僚らの反対」等）」が明確にされたものがあると、代替案を見つけやすくなります。

【障害者虐待防止法第2条第8項（定義）】

> この法律において「使用者による障害者虐待」とは、使用者が当該事業所に使用される障害者について行う次のいずれかに該当する行為をいう。

…（中　略）…

三　障害者に対する著しい暴言、著しく拒絶的な対応又は不当な差別的言動その他の障害者に著しい心理的外傷を与える言動を行うこと。

…（後　略）…

「障害者虐待防止法（障害者虐待の防止、障害者の養護者に対する支援等に関する法律）」（２０１２年10月１日施行）は、使用者による障害者虐待を禁止しています。この法律では、第２条第８項第３号の「心理的虐待」に注意が必要です。法律では「使用者」になっていますが、現実には、一緒に働くすべての人に注意が求められていると考えてください。

この条文からは、「障害者に対する著しい暴言、著しく拒絶的な対応又は不当な差別的言動その他の障害者に著しい心理的外傷を与える言動」を禁止する条項を、就業規則の懲戒や社員行動規範などに盛り込むことが考えられます。

このとき、「著しい」についても、ある程度想定されたものでなければいけません。つまり、メンタル疾患者の「受け止め方の問題」に持ち込まれない準備です。対処法としては、「障害者へのパワハラ」と想定することで、より具体的な禁止条項を作ることができます。

厚生労働省が開設している総合サイト「あかるい職場応援団」には、パワハラの定義・類型、具体的事例や判例などが掲載されています。その「パワハラの6類型」には、障害者虐待防止法が禁じている虐待行為に共通する内容が少なくありません。

①身体的な攻撃（暴行・傷害）
②精神的な攻撃（脅迫・名誉毀損・侮辱・ひどい暴言）
③人間関係からの切離し（隔離・仲間外し・無視）
④過大な要求（業務上明らかに不要なことや遂行不可能なことの強要、仕事の妨害）
⑤過小な要求（能力や経験とかけ離れた程度の低い仕事を命じる、仕事を与えない）

⑥個の侵害（私的なことに過度に立ち入る）

たとえば、精神的な攻撃に分類される「侮辱やひどい暴言」については、「陰湿さ及び執拗さの程度において、常軌を逸した悪質なもの」であったか否かが法廷で争われます。障害者虐待防止についての条項に、あらかじめこの一文が加わっていれば実践的なルールになります。

1つ、忘れてはいけない大切なことがあります。それは、この法律を「メンタル疾患者を受け入れる側」、つまり健常者側だけに向けたルールとして扱ってはいけない、ということです。メンタル疾患者が身体・知的障害者に対して暴言を吐いた場合など、障害者同士のトラブルにも適用できるように位置づけられたものでなければなりません。

一方、ルールの運用には細心の注意が必要です。加害者と名指しされた人への指導や処罰についてです。「身に覚えがない」「思い違い」など、メンタル疾患者の独特のコミュニケーションから生じたトラブルである可能性は、決して低くはありません。白黒はっきりつかない中、健常者側だけにペナルティを科すことは不公平になってしまいます。

この場合、「障害特性でそのように受け止めてしまう」「難しい障害だから気をつけてあげて」くらいでとどめるべきでしょう。事実確認や再発防止ではなく、「障害への理解促進」という視点が適切です。根拠を、厚生労働省「障害者差別禁止指針」の「同じ職場で働く人が、障害特性に関する正しい知識の取得や理解を深めることが重要」に求めることで対応しやすくなります。

現実には、厳しく処罰をしてしまうと、新たな問題を生んでしまいます。それは、「(目が合うたび)会社にチクった私をにらみつけてくる」という次のトラブルです。心理的虐待への対応実務としては、被害の申告には口頭での指導を行い、その後はなるべく顔を合わせないで済むような配慮くらいが実践的です。

【障害者虐待防止法第21条（使用者による障害者虐待の防止等のための措置）】

> 障害者を雇用する事業主は、労働者の研修の実施、当該事業所に使用される障害者及びその家族からの苦情の処理の体制の整備その他の使用者による障害者虐待の防止等のための措置を講ずるものとする。

実は、メンタル疾患に特有の職場トラブルは、この法律で対処することが可能です。つまり、法律に基づいて「障害者及びその家族からの苦情の処理」をする体制を作っておけるということです。

この法律を根拠にした条項が雇用関係の書類のどこかに記載されていれば、職場トラブル（人間関係の好き嫌い、人権やプライド）を、「苦情の処理」に置き換えて、労働契約や労働基準法・労働安全衛生法に導くことができます。もちろん、実際に機能させることができれば素晴らしい職場になります。

【障害者雇用促進法第4条（基本的理念）】

障害者である労働者は、職業に従事する者としての自覚を持ち、自ら進んで、その能力の開発及び向上を図り、有為な職業人として自立するように努めなければならない。

この条文をどう解釈し、どのように引用していくかが、とても重要な作業になります。この条文は、たとえば、メンタル疾患者に「自分の判断で治療を中断しない」「処方箋で定められた服用ルールを遵守する」などを求める条項の根拠とすることができます。とはいえ、漫然と雇用契約書や誓約書に「この法律を守る」と書き加えて署名させるだけでは、論破されてしまうでしょう。

そこで、会社が考える「職業に従事する者としての自覚」を具体的にしていかなければいけません。雇用された会社の経営理念や経営方針に従うことが「社会人としての自覚」であり、「会社の就業規則は守らなければならない自覚」が職業に従事する者に求められている――このように論理的で明確な記載がされていれば十分です。「有為な職業人」は解釈が難しい部分ですが、会社がＣＳＲで掲げる目標と合致させていくことで対応できます。もちろん、健常者従業員の自覚が不足している会社では「何の効果もない」ことは言うまでもありません。

5

「障害者手帳」と「お薬手帳」の読み方

障害者関連法以外にも、（就業規則を部分修正する時に）あらかじめルールで定めておくとトラブルを防ぎやすくなるのが、「障害者手帳」と「お薬手帳」です。「自分の判断で治療を中断しない」「処方箋で定めた服用ルールを遵守する」などを会社がメンタル疾患者に求めるのであれば、「手帳の読み方くらい知っておくべき」と言えるでしょう。

「障害者手帳」では、手帳を申請した時に提出した診断書を、（本人の同意を得て）提出してもらい、医師の所見欄に必ず目を通してください。そこに書かれている、客観的に判断された障害特性を知らなければ、配置や配慮を適切に行うことは難しいからです。

本人の同意を得る手順については、厚生労働省「プライバシーに配慮した障害者の把握・確認ガイドライン」を参考にしてください。ここにも、「特に精神障害者の把握・確認の際は、プライバシーに配慮する必要がある」と書かれています。

会社が「本人の同意を得た」と主張するためには、利用目的を明示している必要があるのですが、これを口頭で済ませてはいけません。ガイドラインが「本人に対して明示する利用目的等の事項」として掲げる次の事項が記載されており、署名欄のある同意書などを用意しておくべきでしょう。

①利用目的（障害者雇用状況の報告、障害者雇用納付金の申告、障害者雇用調整金または報奨金の申請のために用いること）
②①の報告等に必要な個人情報の内容
③取得した個人情報は、原則として毎年度利用するものであること
④利用目的の達成に必要な範囲内で、障害等級の変更や精神障害者保健福祉手帳の有効期限等について確認を行う場合があること
⑤障害者手帳を返却した場合や、障害等級の変更があった場合は、その旨人事担当者まで申し出てほしいこと
⑥特例子会社または関係会社の場合、取得した情報を親事業主に提供すること

なお、これらに加え、
⑦障害者本人に対する公的支援策や企業の支援策についてもあわせて伝えることが望まれます。

この「企業の支援策」（⑦）に加えて会社が持つ「業務命令権」の視点があれば、開示を求める根拠としてより明確になります。たとえば、健康診断について、「労働者が健康管理従事者の指示に従う義務があることとされている就業規則等における規定には合理性があり、したがって、労働者は、受診命令に従う義務を負う」とした判例があります（電電公社帯広局事件、最一小判昭61・3・13）。この判例などを根拠にして、「自己判断での治療中断」「処方箋を守らない薬の服用」が懲戒処分対象行為になっていれば、メンタル疾患者が「自分の健康に留意する意識」を持つことにつながります。納得いくまで主治医に話を聞いたり、セカンドオピニオンを考えたりしながら、自分の健康状態に高い関心を持つことを義務づけることができれば万全です。

「障害等級の変更や有効期限」④では、「有効期限が迫った頃」に注意が必要です。それは、「期限が近づくこと」そのものに不安を感じる人がとても多いからです。障害者手帳の更新には診断書が必要になりますから、会社はその診断書を見る必要があります。診断書を提出させる時に、「等級変更になったり手帳が交付されなかったりすると、解雇される」というメンタル疾患者の不安を取り除くことが「配慮」になります。「不利益にはならない」ことを明確にすべきでしょう。

現実には、「障害者でなくなったから解雇」はまず通用しません。また、健常者従業員がメンタル疾患になった場合でも、法律は障害者雇用と同じ対応を求めていますので、「解雇の心配はない」とはっきり言葉で伝えることが適切です。

2015年に結審した、「健常者として雇用され、アスペルガー症候群と診断された」人が会社を訴えた裁判（日本電気事件、東京地判平27・7・29）の判決文に、次のような一文があります。

なお、Xの障害がアスペルガー症候群であることからすれば、障害者基本法が、事業主は、障害者の雇用に関し、その有する能力を正当に評価し、適切な雇用の機会を確保するとともに、個々の障害者の特性に応じた適正な雇用管理を行うことによりその雇用の安定を図るよう努めなければならない（19条2項）とし、発達障害者支援法が、国民は、発達障害者の福祉について理解を深めるとともに、社会連帯の理念に基づき、発達障害者が社会経済活動に参加しようとする努力に対し、協力するように努めなければならない（4条）としていることを考慮する必要がある。

さらに、改正障害者雇用促進法（平成25年法律第46号。平成25年6月13日成立、平成28年4月1日施行）が、事業主は、その雇用する障害者である労働者の障害の特性に配慮した職務の円滑な遂行に必要な施設の整備、援助を行う者の配置その他の必要な措置を講じなければならない旨定めていること（36条の3）の趣旨も考慮すべきである。

「お薬手帳」から知るべき情報は、「服用薬の副作用」です。

メンタル疾患と薬には、密接な関わりがあります。たとえば、メンタル疾患者の多くが服用している睡眠薬や抗精神病薬には、「飲酒が禁忌」と注意書きされているものが少なくありません。その情報を得ていなければ、酒席に誘ってしまうトラブルを防ぐことはできません。

就業規則に「薬の大量服用、服用し忘れや中断」に対する罰則規定が設けられていれば、お薬手帳の開示を求めやすくなるでしょう。「薬を飲むと日中眠くなる」「太りやすい」など、副作用が職場で理解されていることはメンタル疾患者にとって望ましいことですから、開示を拒む人は少ないはずです。可能であれば、お薬手帳をコピーさせてもらい、専門家の意見を聞いておくことを勧めます。

２０１７年3月21日に厚生労働省が出した「催眠鎮静薬、抗不安薬及び抗てんかん薬の『使用上の注意』改訂の周知について」という通達には、次のような記載があります。

本日、催眠鎮静薬、抗不安薬、抗てんかん薬等として使用されるベンゾジアゼピン受容体作動薬等の医薬品について、別添のとおり、使用上の注意を改訂するよう指示いたしました。今般の「使用上の注意」の改訂は、主に以下の点について注意喚起を行うことを目的としております。

●承認用量の範囲内においても、連用により薬物依存が生じることがあるので、①用量及び使用期間に注意し、慎重に投与すること。

②催眠鎮静薬又は抗不安薬として使用する場合には、漫然とした継続投与による長期使用を避けること。投与を継続する場合には、治療上の必要性を検討すること。

●承認用量の範囲内においても、連用中における投与量の急激な減少又は投与の中止により、原疾患の悪化や離脱症状があらわれることがあるので、投与を中止する場合には、徐々に減量するなど慎重に行うこと。

●ベンゾジアゼピン受容体作動薬については、統合失調症患者や高齢者に限らず、刺激興奮、錯乱等があらわれることがあるので、観察を十分に行うこと。

「うつ病・不眠症の患者に処方されている睡眠薬や抗不安薬のいくつかは、医師に決められた範囲の服用でも、長期間・継続的に服用していると薬物依存の副作用が生じる可能性がある」ということです。

「重大な副作用」としては、新たに、次のような注意書きが書かれています。

> 連用中における投与量の急激な減少ないし投与の中止により、不安、不眠、痙攣、悪心、幻覚、妄想、興奮、錯乱又は抑うつ状態等の離脱症状があらわれることがあるので、投与を中止する場合には、徐々に減量するなど慎重に行うこと。

厚生労働省が注意を呼びかけた「漫然とした継続投与による長期使用」とは、何年間も、薬を飲むことがクセや習慣のようになっている状態のことです。ほとんどのメンタル疾患患者がこの状態だと考えてください。事実、「心の支え」「気分転換」として薬を飲んでいると教えてくれるメンタル疾患患者が多いのです。

「メンタル疾患が原因というより、薬物依存の副作用ではないか？」と疑ってしまうようなトラブルも少なくありませんが、だからといって自己判断で投薬を中止すれば、意識混濁や強迫的な思考、幻覚や錯覚状態に陥る危険性もあります。

いずれにしても職場で対処することは諦めるしかないのですが、あらかじめルールで規定されていなければ、職場が病状悪化に対応せざるを得なくなります。医師とのコミュニケーションがうまくいかずに不安を感じて通院しなくなった、自分の判断で薬を飲まなくなった――このようなメンタル疾患者は、決してめずらしくありません。トラブルになった時に「そもそもの原因は職場の環境にあった」と言い出す人がいることくらいは想定しておくべきでしょう。

6 「自分取扱説明書」の取扱い

就労移行支援事業者などで指導されていることから、「自分の取扱説明書」を会社に提出するメンタル疾患者が増えています。これは、発達障害など職場理解が難しい人を受け入れる会社にはとても助かる資料です。しかし、そこに記載されているのは「内容の履行を会社に求める」ものですから、その扱い方には注意が必要です。

たとえば、障害特性で、「会社が受け取った＝認められた」と考える人もいます。つまり、「すべての項目が承諾された」と受け止めてしまうということです。

そこで自分取扱説明書を受け取った会社が行うべき作業は、「ダメ出しをする」ことです。その理由は、「職場や同僚は、うっかり忘れてしまう」からです。

提出される説明書は、「私の障害について」から始まって、障害の一般的な説明、障害の特性・特徴へと続きます。一般的なケースから自分自身のことに移り、具体的に「複数の業務を行うのが苦手です」「臨機応変な対応が苦手です」「ストレスに弱いです」と続いていきます。「理解してもらおう」とするあまり分量が多くなりがちですが、これを削っていく作業が、「ダメ出しをする」ことです。

会社が合理的配慮を提供し（障害者雇用促進法第35条）、雇用の安定を図る（同法第5条）ために必要であることを伝え、説明書から「苦痛です」「NGです」を削除して、「配慮がなければ業務に支障を来す」部分を残していきます。この時に、「共同作業」の意識で取り組むと、スムーズです。職場の誰もが受け入れやすいよう、「これなら職場で対応できそうだ」になるまで項目を減らしていきます。

具体的には、「働く上で職場や同僚に周知してほしいこと」「業務上サポートしてほしいこと」「人間関係で特に伝えておきたいこと」の3つくらいに絞ることができれば十分です。ただし、「その3つが守られない不安」「ほかに配慮してほしいことに後で気づくかもしれない不安」を取り除く必要がありますので、「そう感じた時には、改めて文書で提出してください。必ず対応します」と一言、付け加えます。

「ダメ出しをする」のは、会社が対応できないことを伝えるチャンスでもあります。職場にいる「すべての人が完璧ではない」ことを伝え、誰かがうっかりミスしたときに「その社員を会社は処分できない」「どうすれば許せるか?」など、対処法を一緒にイメージしておくことでトラブルを防ぐことができるでしょう。

さらに、このやりとりはノウハウを構築することにもつながります。いずれ、独自の「メンタル疾患者用エントリーシート」を用意するような試みがあってもよいでしょう。その際には、項目数や文字数を制限しておくと職場対応がしやすくなります。

7

あらゆる面で選択肢を用意する

メンタル疾患者雇用の現場では、仕事や待遇、福利厚生など、あらゆる面で選択肢が少ないのが実情です。会社が選択肢を用意することはそれほど難しいことなのか、検討してみてください。「親睦会や酒席に誘うか／誘わないか」という問題でも、重要なのは「参加するかどうか」を本人に決めさせる、つまり選択肢を用意することです（83ページも参照）。

メンタル疾患者の多くは、健常者に比べるとアフター5が貧弱になりがちです。実際に、「友人がいない」「趣味がない」と語る人は少なくありません。日常生活でも選択肢が少ないと言えます。教育訓練やボランティア活動など、会社が選択肢を用意することが「参加する機会」を与えていることになります。多くの選択肢を用意することは、依存症や被害妄想に陥らせない効果も期待できます。

――障害者である私達。会社では少数派で、孤独を抱えながら働いています。

――そして、職場でトラブルを抱えていたらなおさらです。

――そうであっても、積もり積もって爆発するのではなく『おかしいな』と思ったら勇気を出して、こまめに声を上げていかなくてはならないと思いました。

これは、職場トラブルが解決したメンタル疾患者から筆者に届いた言葉です。この声を聞き逃さないために、会社はあらゆる場面に選択肢を用意しておくべきなのです。

「うちの会社はうまくいっている。これからも問題ないはずだ」――ここまで本書を読み進めてきたあなたなら、この考え方が通用しなくなるかもしれないと考えることができるでしょう。これから職場にメンタル疾患者の絶対数が増えるに従い、トラブル件数も、間違いなく増えていきます。

ルール作りは道半ばでもかまいません。大切なのは、課題に取り組む姿勢や、会社がもがき苦しむ姿を見せることです。「会社は何をすればいいですか?」から、「会社との約束事を決めて、お互いルールを守りましょう」への意識改革とは、言い換えると、「会社は障害者雇用促進法第5条を守ります。あなたは第4条を守ってください」と伝えるということです。そう言い切れるだけの準備を整え、メンタル疾患者を孤立させない、ゆとりある職場を作り上げてください。

あとがき

メンタル疾患者と上手に付き合える人が増えたり、メンタル疾患者も健常者も同じルールの下で働いている職場を作り上げたりする過程では、大変な苦労や労力を費やすことになるでしょう。しかし、大変なことばかりではありません。苦労に報いるだけの思いがけない効果を必ず職場にもたらしてくれます。

たとえば、メンタルヘルス対策は企業にとって喫緊の課題と言われ続けていますが、多くの職場が「手つかずのまま」というのが実情ではないでしょうか。誰もが「メンタルヘルス対策は重要な課題」と考えていても、業務が忙しく「それどころではない」からです。

厚生労働省は、メンタルヘルス対策に関する監督・指導を年々強化しています。２０１７年3月31日に各都道府県労働局長宛に出された通達「『過労死等ゼロ』緊急対策を踏まえたメンタルヘルス対策の推進について」（基発０３３１第78号）には、具体的な取組みとして、次のようなことが掲げられました。

①精神障害に関する労災支給決定が行われた事業場及び企業の本社事業場に対するメンタルヘルス対策の特別指導の実施
②違法な長時間労働が認められる等の事業場に対するメンタルヘルス対策の指導の充実
③パワーハラスメントの予防・解決に向けた周知啓発の徹底
④長時間労働等によりハイリスクな状況にある労働者を見逃さない取組の徹底

ここに登場する「ハイリスクな状況にある労働者」(④)こそ、うつ病の症状が表れた人のことです。通達には「事業者に臨時の健康診断の実施を指示する」と書かれていますが、健康診断でリスクを見抜くことは相当難しいと考えておくべきです。なぜなら、「認知のアンバランス」を抱えた人や「正常な判断ができなくなっている人」に、ストレスや疲労について「正直な申告」は期待できないからです。聞き方を間違えてしまえば、「まだ大丈夫です」と答えるしかなくなり、より一層無理をさせてしまうことにつながりかねません。

「ハイリスクな状況にある労働者を見逃さない取組」とは、同僚の誰かが危険サインを見逃さない取組みでもあります。「どう取り組むべきか」についてなら、職場のメンタル疾患者から教わるべきことがたくさんあります。

気分障害の診断で「障害者手帳」を所持しているメンタル疾患者の多くは、「ハイリスクな状況を経験して発症。その後、復職に成功した人」です。発症から治療、復職までの長い期間を通じて、精神科医など数多くの専門家と関わってきた経験を持っていますから、「メンタルヘルスのプロ」とも言えます。職場では、そのプロフェッショナルから意見を聞くことができるのですから、遠慮せず協力を仰ぐべきでしょう。「ハイリスクな状況にある人をいち早く見抜く方法」や「その人に健康診断を促す言回し」、「健康状態を正直に申告させる話術」など、自らの体験から知り得た情報やアイデアを語ってくれるはずです。

また、パワハラ対策も、重要課題でありながら「どのような対策もあまり効果がない」難題です。ここでも、職場のメンタル疾患者が持っている「答え」を活かすことが根絶への近道になります。

（残念なことですが）メンタル疾患者の多くが、過去、職場でのパワハラ被害を経験しています。言ってみれば「経験談を語れる立場」にいる人たちですから、「パワハラのきっかけは何だったか」「どのようにエスカレートしていったのか」「本当に抑止力の高い対策は何か」を知っています。会社が「本気でパワハラ根絶に取り組みたい」と意見を求めれば、普通の人では思い描けないような実践的なアイデアを出してくれるでしょう。

つまり、職場の「メンタル疾患者と上手に付き合う」ことを模索し始めることが、メンタルヘルス・パワハラ対策に取り組む第一歩を踏み出したことにもなるのです。これが「思いがけない効果」です。

それにしても、『障害者』という用語は、実に不便な用語です。「障がい者」とひらがなを交えたり、違う漢字を使って「障碍者」と表記されたりすることもある、統一感のない用語に思えます。

また、よく使われる、「障害のある方」という言回し。「障害のある方や高齢者にも優しい……」などと使われますが、「方」は一般に敬語とされていますから、続けて「高齢者」となることに、違和感を覚えてしまいます。障害者を敬語で呼ぶなら、高齢者も「お年を召した方」としなければ、不自然だからです。

さらに、障害者雇用の現場では、「チャレンジド雇用」「アドバンス雇用」「ダイバーシティ雇用」といった言葉が使われることが多くなっているようです。こちらも「障害者」の使用が憚られるのでしょう。しかし、チャレンジ（挑戦）の毎日であれば、どんな障害者だって疲れてしまいます。アドバンス（前進）は前向きな言葉ですが、仕事に前向きな障害者ばかりではありませんし、毎日のトイレ清掃には前進すべき方向が用意されていないかもしれません。ダイバーシティ（多様性）は企業の経営理念であって、障害者の働き方に名づけるものではありません。「一般雇用」「ダイバーシティ雇用」と並んでいれば、そこに多様性はありません。筆者が実際に目にした中では、「カスタム雇用」という言葉が使いや